十三經古注

〔漢〕鄭玄等注

十一

爾雅

中華書局

本册目録

［著者小傳］郭璞，晉聞喜人。字景純。博學高才，詞賦爲東京之冠。嘗從郭公受《青囊書》，由是洞知五行、天文、卜筮之術，所占多奇驗。避地過江，元帝重之，以爲著作佐郎。後爲王敦所殺。嘗注《爾雅》、《山海經》、《三蒼》、《方言》、《穆天子傳》、《楚辭》、《子虛》、《上林賦》，又有《葬書》及《玉照定真經》，都數十萬言。

爾雅

四部備要

經部

上海中華書局據永懷堂本校刊

桐鄉　陸費逵總勘
杭縣　高時顯
杭縣　吳汝霖輯校
杭縣　丁輔之監造

爾雅序

晉郭　璞景純撰

夫爾雅者所以通詁訓之指歸敘詩人之興詠總絶代之離詞辯同實而殊號者也誠九流之津涉六藝之鈐鍵學覽者之潭奧摛翰者之華苑也若乃可以博物不惑多識於鳥獸草木之名者莫近於爾雅爾雅者葢興於中古隆於漢氏豹鼠既辯其業亦顯英儒贍聞之士洪筆麗藻之客靡不欽玩耽味爲之義訓璞不揆檮昧少而習焉沈研鑽極二九載矣雖註者十餘然猶未詳備竝多紛謬有所漏略是以復綴集異聞會稡舊說考方國之語采謠俗之志錯綜樊孫博關羣言剟其瑕礫搴其蕭稂事有隱滯援據徵之其所易了闕而不論別爲音圖用袪未寤輒復擁篲清道企望塵躅者以將來君子爲亦有涉乎此也

爾雅目錄

爾雅卷一

晉著作郎弘農太守聞喜郭　璞註

明　後學　東吳金　蟠訂

釋詁第一

初哉首基肇祖元胎俶落權輿始也

尚書曰三月哉生魄詩曰令終有俶又曰俶載南畝又曰訪予落止又曰胡不承權輿胚胎未成亦物之始也其餘皆義之常行者耳此所以釋古今之異言通方俗之殊語○肇音兆俶昌叔切

林烝天帝皇王后辟公侯君也

詩曰有壬有林又曰文王烝哉其餘義皆通見詩書○辟弁亦反

弘廓宏溥介純夏幠厖墳嘏丕弈洪誕戎駿假京碩濯訏宇穹壬路淫甫景廢壯冢簡箌昄晊將業蓆大也

詩曰我受命溥將又曰亂如此幠為下國駿厖湯孫奏假王公伊濯訏謨定命有壬有林厥聲載路既有淫威廢為殘賊爾土宇昄章緇衣之蓆兮廓落宇宙穹隆至極亦為大也箌義未聞尸子曰此皆大有十餘名而同一實○幠音呼厖亡江切誕音但訏音吁箌音罩昄蒲板切晊之日切

幠厖有也

二者又為有也詩曰遂幠大東

迄臻極到赴來弔艐格戾懷摧詹至也

齊楚之會郊曰懷宋曰屆詩曰先祖于摧又曰六日不詹詹摧皆楚語方言云○極紀力切弔音的艐音宗　摧昨雷切

如適之嫁徂逝往也

方言云自家而出謂之嫁猶女出為嫁

賚貢錫畀予貺賜也

皆賜與也○畀必寐切予羊汝切

儀若祥淑鮮省臧嘉令類綝彀攻穀介徽善也

詩曰儀刑文王左傳曰禁禦不若詩曰永錫爾類我車既攻介人維藩大姒嗣徽音省綝彀未詳其義餘皆常語○鮮息淺切省先郢切令力政切綝敕金切彀古豆切

舒業順敘也

皆謂次序

舒業順敘緒也

四者又為端緒

怡懌悅欣衎喜愉豫愷康妉般樂也

皆見詩○妉丁含切般盤樂洛

悅懌愉釋賓協服也

皆謂喜而服從

遹遵率循由從自也

自猶從也○遹音聿

遹遵率循也

三者又為循行

靖惟漠圖詢度咨諏究如慮謨猷肇基訪謀也

國語曰詢于八虞咨于二虢度于閎夭謀于南宮諏于蔡原訪于辛尹通謂謀議耳如肇所未詳餘皆見詩○度鐸趣子須

典彝法則刑範矩庸恒律戛職秩常也

庸戛職秩義見詩書餘皆謂常法耳○彝音夷

柯憲刑範辟律矩則法也

詩曰伐柯伐柯其則不遠論語曰不踰矩

辜辟戾辠也

皆刑罪○辟婢亦切辜音孤辠音罪

黃髮齯齒鮐背耇老壽也

黃髮髮落更生黃者齯齒齒墮更生細者鮐背背皮如鮐魚耇猶耆也皆壽考之通稱○齯音倪鮐音台耇音狗

允孚亶展諶誠亮詢信也

方言曰荊吳淮泗之間曰展燕岱東齊曰諶宋衛曰詢亦皆見詩○亶丁簡切諶市林切

展諶允慎亶誠也

轉相訓也詩曰慎爾優游

謔浪笑敖戲謔也

謂調戲也見詩

粵于爰曰也

書曰土爰稼穡詩曰對越在天王于出征○粵音曰

爰粵于也

轉相訓

爰粵于那都繇於也

左傳曰棄甲則那那猶今人云那那也書曰皋陶曰都繇辭于乎皆語之韻絕○繇音由於音烏

敆郃盍翕仇偶妃匹會合也

皆謂對合也○敆音閤郃合盍胡臘切妃音配

仇讎敵妃知儀匹也

詩云君子好仇樂子之無知實維我儀國語亦云丹朱馮身以儀之讎猶儔也廣雅云讎輩也

妃合會對也

皆相當對

妃媲也

相偶媲也○媲普計切

紹胤嗣續纂緌績武係繼也

詩曰下武維周緌見釋水餘皆常語○纂子管切

忥謚溢蟄慎貉謐顗頠密寧靜也

忥顗頠未聞其義餘皆見詩傳○忥音戲謚音侍貉音陌謐音密顗音擬頠魚毀切

隕磒湮下降墜摽蘦落也

磒猶隕也方俗語有輕重耳湮沈落也摽蘦見詩○隕于閔切磒于敏切摽婢眇切蘦音零

命令禧畛祈請謁訊誥告也

禧未聞禮記曰畛於鬼神○令力政切畛稹告谷

永悠迥違遐逷闊遠也

書曰遏矣西土之人○迥戶頂切遏音曷

永悠迥遠遐也。遐亦遠也轉相訓。

虧壞圮垝毀也。書曰方命圮族詩曰乘彼垝垣虧通語耳○壞音怪圮房美切垝音鬼

矢雉引延順薦劉繹尸旅陳也。禮記曰尸陳也雉順劉皆未詳

尸職主也。左傳曰殺老牛莫之敢尸詩曰誰其尸之又曰職為亂階

尸寀也。謂寀地○寀七代反

寀寮官也。官地為寀同官為寮

績緒采業服宜貫公事也。論語曰仍舊貫餘皆見詩書

永羕引延融駿長也。宋衛荊吳之間曰融羕所未詳○羕音樣

喬嵩崇高也。皆高大貌左傳曰師叔楚之崇也

崇充也。亦為充盛

犯奢果毅剋捷功肩堪勝也。陵犯誇奢果毅皆得勝也左傳曰殺敵為果肩即剋耳書曰西伯堪黎○毅音義

勝肩戡劉殺克也。轉相訓耳公羊傳曰克之者何殺之也○戡音堪

劉獮斬刺殺也。書曰咸劉厥敵秋獵曰獮應殺氣也公羊傳曰刺之者何殺之也○獮尠刺次

亹亹蠠沒孟敦勗釗茂劭勔勉也。詩曰亹亹文王蠠沒猶黽勉書曰茂哉茂哉方言云周鄭之間相勸勉為勔釗孟未聞○亹音尾蠠音密釗音招劭音邵勔音泯

鶩務昏暋強也。馳鶩事務皆自勉強書曰不昏作勞暋不畏死○鶩音務暋音閔強其丈切

釋詁下

卬吾台予朕身甫余言我也。卬猶姎也語之轉耳書曰非台小子古者貴賤皆自稱朕禮記曰授政任功曰予一人眕於鬼神曰有某甫言見詩○卬五剛切台音怡下同

朕余躬身也。今人亦自呼為身

台朕賚畀卜陽予也。賚卜畀皆賜與也與猶予也因通其名耳魯詩云陽如之何今巴濮之人自呼阿陽○畀必二切

音賜予音輿

肅延誘薦餤晉寅藎進也

禮記曰主人肅客詩曰亂是用餤王之藎臣易曰晉進也寅未詳○餤音淡藎音燼

羞餞迪烝進也

皆見詩禮

詔亮左右相導也

皆謂教導之

詔相導左右助勴也

勴謂贊勉○勴音慮

亮介尚右也

紹介勸尚皆相佑助

左右亮也

反覆相訓以盡其義○相息亮切

緝熙烈顯昭皓熲光也

詩曰學有緝熙于光明又曰休有烈光○熲古迥切

劼鞏堅篤掔虔膠固也

劼虔皆見詩書易曰鞏用黃牛之革固志也掔然亦牢固之意○劼苦點切掔音牽

疇孰誰也

易曰疇離祉○疇直留切

暀暀皇皇藐藐穆穆休嘉珍褘懿鑠美也

穆穆已上皆美盛之貌其餘常語○暀音旺藐音邈褘音衣

諧輯協和也

書曰八音克諧左傳曰百姓輯睦○輯集

關關噰噰音聲和也

皆鳥鳴相和○噰於恭反

勰燮和也

書曰燮友柔克○勰音協

從申神加弼崇重也

隨從弼輔增崇皆所以爲重疊神所未詳○重直龍切

𣪊悉卒泯忽滅罄空畢罊殲拔殄盡也

𣪊今直語耳忽然盡貌今江東呼厭極爲罄餘皆見詩○𣪊音學罊苦計切殲音尖

苞蕪茂豐也

苞叢繁蕪皆豐盛

揫斂屈收戢蒐裒鳩摟聚也

禮記曰秋之言揫揫斂也春獵爲蒐蒐者以其聚人衆也詩曰屈此羣醜原隰裒矣左傳曰以鳩其民摟猶今言拘摟聚也○揫子由切蒐音搜

肅齊遄速亟屢數迅疾也

詩曰仲山甫徂齊○遄音船亟欺冀切數音朔

寁駿肅亟遄速也

詩曰不寁故也駿猶迅速亦疾也○寁音昝亟居力反

壑阬阬滕徵隍漮虛也

壑谿壑也阬阬謂阬壍也隍城池無水者方言云漮之言空也皆謂邱墟耳滕徵未詳○阬音坑漮音康

黎庶烝多醜師旅衆也

皆見詩

洋觀裒衆那多也

詩曰薄言觀者又曰受福不那洋溢亦多貌

流差柬擇也

皆選擇見詩○差音叉柬音簡

戰慄震驚戁竦恐慴懼也

詩曰不戁不竦慴卽懾也○慄音栗戁女板反恐邱勇切慴之涉切

痡瘏虺頹玄黃劬勞咎顇瘽瘉鰥戮癙癵㾖痒疷疵閔逐疚痗瘥痱癉瘵瘼癠病也

虺頹玄黃皆人病之通名而說者便謂之馬疾失其義也詩曰生我劬勞書曰智藏瘝在相戮辱亦可恥病也今江東呼病曰瘵東齊曰瘼禮記曰親瘠色容不盛戮逐未詳餘皆見詩○痡普胡切瘏音徒虺音灰顇音悴瘽音勤瘉音俞癙音鼠癵力專反㾖音里痒音羊疷音祇痗音妹瘥徂何切痱音肥癉音亶瘵音債癠徂細切

恙寫悝盱繇慘恤罹憂也

今人云無恙謂無憂也寫有憂者思散寫也詩曰悠悠我悝云何盱矣繇役以為憂憂愁也○悝音里盱音吁繇音遙

倫勩邛敕勤愉庸癉勞也

詩曰莫知我勩維王之邛哀我癉人國語曰無功庸者倫理事務以相約敕亦為勞勞苦者多惰愉今字或作窳同○勩與世切癉丁賀切勞力報切

勞來強事謂翦篲勤也

詩曰職勞不來自勉強者亦勤力者由事事故為勤也詩曰迨其謂之翦篲未詳○來音賚強其丈切

悠傷憂思也

皆感思也○思司嗣切

懷惟慮願念惄思也

詩曰惄如調飢○惄音溺

祿祉履戩祓禧禠祜福也

詩曰福履綏之俾爾戩穀祓祿康矣禠禧書傳不見其義未詳○戩子淺切祓音廢禠音斯

禋祀祠蒸嘗禴祭也

書曰禋于六宗餘者皆以為四時祭名也○禴音藥

儼恪祗翼諲恭欽寅熯敬也

儼然敬貌書曰夙夜惟寅詩曰我孔熯矣諲未詳○恪虛各切諲音因熯而善切

朝旦夙晨晙早也

晙亦明也○晙音俊

顉竢替戾底止徯待也

書曰徯我后今河北人語亦然替戾底者皆止也止亦相待○顉音須竢音士底音止徯胡禮切

噊幾烖殆危也
幾猶殆也。噊烖未詳。○噊音聿，烖音哉。
饑汔也
謂相摩近。○饑音祈，汔音蓋。
治肆古故也
治未詳。肆古見詩書。
肆故今也
肆既為故，又為今，今亦為故，故亦為今，此義相反而兼通者，事例在下，而皆見詩。
惇亶祜篤掔仍肶埤竺腹厚也
頻仍、埤益、肶輔，皆重厚。掔然，厚貌。餘皆見詩書。○肶音毗，埤音裨，竺音篤。
載謨食詐僞也
載者，言而不信；謨者，謀而不忠。書曰：朕不食言。
話猷載行訛言也
詩曰：慎爾出話。猷者道，道亦言也。周禮曰：作盟詛之載。今江東通謂語為行。世以妖言為訛。
遘逢遇也
謂相遘遇。○遘音構。
遘逢遇遻也
轉復為相觸遻。○遻音悟。
遘逢遇遻見也
行而相值，即是見。

顯昭覲釗覿見也
顯、昭，明見也。逸書曰：釗我周王。○釗之遙切。
監瞻臨涖頫相視也
皆謂察視也。○監音鑒，涖音利，頫音眺。
鞠訩溢盈也
詩曰：降此鞠訩。
孔魄哉延虛無之言間也
孔穴、延魄、虛無，皆有間隙。餘未詳。
瘞幽隱匿蔽竄微也
微謂逃藏也。左傳曰：其徒微之，是也。○瘞於計切，匿女力切。
訖徵妥懷安按替戾底廢尼定曷遏止也
妥者坐也，懷者至也，按抑按也，替廢皆止住也。戾、底義見詩傳。國語曰：戾久將底。孟子曰：行或尼之。今以逆相止為遏。徵未詳。○妥他果切，遏烏曷切。
豫射厭也
詩曰：服之無斁。豫未詳。○射音亦。
烈績業也
謂功業也。
績勳功也
謂功勞也。
功績質登平明考就成也

功績皆有成詩曰質爾民人禮記曰年穀不登穀梁傳曰平者成也事有分明亦成濟也

梏梗較頲庭道直也

梏梗較頲皆正直也詩曰既庭且碩頲道無所屈○梏音谷較音角頲他頂切

密康靜也

皆安靜也

豫寧綏康柔安也

皆見詩書

平均夷弟易也

皆謂易直

矢弛也

弛放○矢弛竝音尸紙切

弛易也

相延易

希寡鮮罕也

罕亦希也○鮮息淺切

鮮寡也

謂少

酬酢侑報也

此通謂相報答不主于飲酒○酢音昨

毗劉暴樂也

謂樹木葉缺落蔭疏暴樂見詩○暴音剝樂音洛

覭髳茀離也

謂草木之叢茸翳薈也茀離即彌離彌離猶蒙蘢耳孫叔然字別為義失矣○覭音陌髳音蒙

蠱謟貳疑也

蠱惑有貳心者皆疑也左傳曰天命不謟○謟音滔

楨翰儀榦也

詩曰維周之翰儀表亦體榦

弼棐輔比俌也

書曰天威棐忱易曰比輔也俌猶輔也○棐音匪比毗志切俌音甫

疆界邊衞圉垂也

疆埸境日邊旁營衞守圉皆在外垂也左傳界聊以固吾圉也○圉音語

昌敵彊應丁當也

書曰禹拜昌言彊者好與物相當值

浡肩搖動蠢迪俶厲作也

浡然興作貌蠢動作也公羊傳曰俶其也穀梁傳曰始厲樂矣肩見書迪未詳

茲斯咨呰已此也

呰已皆方俗異語○呰音紫

嗟咨蹉也

今河北人云蹉歎音兔罝之罝○蹉音嗟

閑狎串貫習也

串厭串貫貫忕也今俗語皆然○串五患切貫音慣

㦒塵佇淹留久也

塵垢佇企淹滯皆稽久也

逮及暨與也

公羊傳曰會及暨皆與也逮亦及也

騭假格陟躋登陞也

方言曰魯衛之間曰騭梁益曰格禮記曰天王登遐公羊傳曰躋者何陞也○騭音質假音遐

揮盝歇涸竭也

月令曰無漉陂池國語曰水涸而成梁揮振去水亦為竭歇通語○涸音鶴

挋拭刷清也

振訊抆拭埽刷皆所以為潔清○挋音振刷所劣切

鴻昏於顯間代也

鴻鴈知運代昏主代明明亦代昏顯即明也間錯亦相代於義未詳○於音烏間音澗

饁饟饋也

國語曰其妻饁之○饁音叶饟音餉饋音櫃

遷運徙也

今江東通言遷徙

秉拱執也

兩手持為拱

廞熙興也

書曰廞績咸熙廞見周官○廞許金切

衛蹶假嘉也

詩序曰假樂嘉成王也餘未詳○蹶居衛切假音暇

廢稅赦舍也

詩曰召伯所稅舍放置○舍音捨

棲遲憩休苦㰦齂呬息也

棲遲遊息也苦勞者宜止息憩見詩㰦齂呬皆氣息貌今東齊呼息為呬也○憩去例切㰦苦怪切齂詞誡切呬許四切

供峙共具也

皆謂備具○峙直紀切供音恭

煤憐惠愛也

煤韓鄭語今江東通呼為憐○煤音某

娠蠢震戁妯騷感訛蹶動也

娠猶震也詩曰憂心且妯無感我帨兮或寢或訛蠢戁騷蹶皆搖動貌○娠音振

覆察副審也

覆校察視副長皆所為審諦

契滅殄絶也

今江東呼刻斷物為契斷○契苦結切

郡臻仍迺侯乃也

迺即乃餘未詳

一二

迪。繇。訓。道也。義皆見詩書。○繇音由

僉。咸。胥。皆也。東齊曰胥。見方言。○僉七廉切

育。孟。耆。艾。正。伯。長也。育養亦爲長。正伯皆官長。○長丁丈切

艾。歷也。長者多更歷。

歷。秭。算。數也。歷歷數也。今以十億爲秭。論語云。何足算也。○秭音姊。算音筭

歷。傳也。傳近。○歷音歷

艾。歷。覛。胥。相也。覛謂相視也。公羊傳曰。胥盟者何。相盟也。艾歷未詳。○覛音脈

乂。亂。靖。神。弗。淈。治也。論語曰。予有亂臣十人。淈書序作汩。神未詳。餘見詩書。○淈音骨

頤。艾。育。養也。汝潁梁宋之間曰艾。方言云。

汱。渾。隕。墜也。汱渾皆水落貌。○汱古犬切。渾胡本切

際。接。翜。捷也。捷謂相接續也。○翜所甲切

毖。神。溢。慎也。神未詳。餘見詩書。○毖音秘

鬱。陶。繇。喜也。孟子曰。鬱陶思君。禮記曰。人喜則斯陶。陶斯詠。詠斯猶。猶即繇也。古今字耳。○繇音由

馘。穧。獲也。今以獲賊耳爲馘。獲禾爲穧。竝見詩。○馘古獲切。穧才細切

阻。艱。難也。皆險難。○難乃旦反

剡。絜。利也。詩曰。以我剡耜。○剡羊冉切。絜音略

允。任。壬。佞也。書曰。而難任人。允信者佞人似信。壬猶任也。○任壬林切

俾。拼。抨。使也。

俾。拼。抨。使。從也。皆謂使令。見詩。○拼北萌切。抨烹

四者又爲隨從。

儴。仍。因也。皆謂因緣。○儴音穰

董督正也　皆謂御正

享孝也　享祀孝道

珍享獻也　珍物宜獻穀梁傳曰諸侯不享覲

縱縮亂也　縱放掣縮皆亂法也

探篡俘取也　書曰俘厥寶玉篡者奪取也探者摸取也○探音貪篡初患切俘音孚

徂在存也　以徂為存猶以亂為治以曩為嚮以故為今此皆詁訓義有反覆旁通美惡不嫌同名

在存省士察也　書曰在璿璣玉衡士師官亦主聽察存即在

烈枿餘也　晉衛之間曰蘖陳鄭之間曰烈○枿五割切

迓迎也　公羊傳曰跛者迓跛者

元良首也　左傳曰狄人歸先軫之元良未聞

薦摯臻也　薦進也摯至也故皆為臻臻至也○薦曹練切

賡揚續也　書曰乃賡載歌揚未詳○賡古孟切

祔祪祖也　祔付也付新死者於祖廟祪毀廟主○祪音鬼

即尼也　即猶今也尼者近也尸子曰悅尼而來遠○尼女乙切

尼定也　尼者止也止亦定

邇幾暱近也　暱親近也○幾音機暱女乙切

妥安坐也　禮記曰妥而后傳命○妥他可切

貉縮綸也　綸者繩也謂牽縛縮貉之今俗語亦然○貉音陌

貉嗼安定也　皆靜定見詩○嗼音莫

伊維也　發語辭

伊維侯也

詩曰侯誰在矣互相訓

時寔是也

公羊傳曰寔來者何是來也○寔音石

卒猷假輟已也

猷假未詳○卒子卹切輟丁劣切

求酋在卒就終也

詩曰嗣先公爾酋矣成就亦終也其餘未詳○酋在由切

崩薨無祿卒徂落殪死也

古者死亡尊卑同稱耳故尚書堯曰徂落舜曰陟方乃死○薨呼弘切殪於計切

爾雅卷一

爾雅卷二

晉著作郎弘農太守聞喜郭　璞註

明　後學　東吳葛　鼒訂

釋言第二

殷、齊，中也。書曰：以殷仲春。釋地曰：岠齊州以南。

斯、誃，離也。齊陳曰斯。誃見詩。○誃音侈。

謖、興，起也。禮記曰：尸謖。○謖所六切。

還、復，返也。皆迴返也。○還音旋。

宣、徇，徧也。皆周徧也。○徇辭峻切。

馹、遽，傳也。皆傳車驛馬之名。○馹音日。傳張戀切。

蒙、荒，奄也。奄奄，覆也。皆見詩。

告、謁，請也。皆求請也。○告音谷。

肅、雝，聲也。詩曰：肅雝和鳴。

格、懷，來也。書曰：格爾衆庶。懷見詩。

畛、底，致也。皆見詩傳。

恀、怙，恃也。今江東呼母為恀。○恀音是。

律、遹，述也。皆敘述也。方俗語耳。

俞、盒，然也。禮記曰：男唯女俞。盒者，應也，亦為然。○盒音荅。

豫、臚，敘也。皆陳敘也。

庶幾，尚也。詩曰：不尚息焉。

觀、指，示也。國語曰：且觀之兵。

若、惠，順也。詩曰：惠然肯來。

敖、憮，傲也。禮記曰無憮無敖傲慢也

幼、鞠，稺也。書曰不念鞠子哀

逸、諐，過也。書曰汝則有逸罰

疑、休，戾也。戾止也疑者亦止

疾、齊，壯也。壯壯事謂速也齊亦疾

悈、褊，急也。皆急狹○悈紀力切褊必淺切

貿、賈，市也。詩曰抱布貿絲○賈音古

厞、陋，隱也。禮記曰厞用席書曰揚側陋○厞符佛切

遏、遾，逮也。東齊曰遏北燕曰遾皆相及逮○遾音誓

征、邁，行也。詩曰王于出征邁亦行

圮、敗，覆也。謂毀覆○圮皮美反

荐、原，再也。易曰水荐至今呼重蠶爲䖃○荐音賤

憮、敉，撫也。憮愛撫也敉寧見書○憮音武

臞、脙，瘠也。齊人謂瘠爲脙○臞音衢脙音求

桄、熲，充也。皆充盛也○熲俱永反

屢、暱，亟也。親暱者亦數亟亦數也○亟虛記切

靡、罔，無也。

爽，差也。爽，忒也。皆謂用心差錯不專一○差初加切

佴，貳也。佴次爲副貳○佴而志切

劑、翦，齊也。南方人呼翦刀爲劑刀○劑卽隨切

饙、餾，稔也。

今呼資飯爲饙，饙熟爲餾。○饙音分，餾力又切。

媵、將，送也。左傳曰：以媵秦穆姬。詩曰：遠于將之。○媵以正切。

作、造，爲也。

餥、餱，食也。方言云：陳楚之間相呼食爲餥。

鞫、究，窮也。皆窮盡也。見詩。

滷、矜、鹹，苦也。滷，苦地也。可矜憐者亦辛苦。苦即大鹹。

干、流，求也。詩曰：左右流之。

流，覃也。覃，延也。皆謂蔓延相被及。

佻，偷也。謂苟且。○佻音挑。

潛，深也。潛、深，測也。測亦水深之別名。

穀、鞠，生也。詩曰：穀則異室。

啜，茹也。啜者，拾食。○茹如庶切。

茹、虞，度也。皆測度也。詩曰：不可以茹。○度音鐸。

試、式，用也。見詩書。

誥、誓，謹也。皆所以約勤謹戒衆。

競、逐，彊也。皆自勉彊。○彊巨丈反。

禦、圉，禁也。禁制。

窒、薶，塞也。謂塞孔穴。○窒豬乙切。

黼、黻，彰也。黼文如斧，黻文如兩己相背。○黼音甫，黻音弗。

膺、身，親也。謂躬親。

愷悌，發也。發，發行也。詩曰：齊子愷悌。

髦士，官也。取俊士令居官。

畯，農夫也。今之嗇夫是也。○畯音俊。

蓋、割，裂也。蓋未詳。

邕、支，載也。皆方俗語，亦未詳。

諈諉，累也。以事相屬累爲諈諉。○諈，竹睡切。諉，女睡切。累，劣僞切。

漠、察，清也。皆清明。

庇、庥，廕也。今俗語呼樹蔭爲庥。

穀、履，祿也。書曰：既富方穀。詩曰：福履將之。

履，禮也。禮可以履行，見易。

隱，占也。隱度。

逆，迎也。

憯，曾也。發語辭，見詩。○憯音慘。

增，益也。今江東通言增。

窶，貧也。謂貧陋。○窶，求矩切。

薆，隱也。謂隱蔽。○薆音愛。

僾，唈也。嗚唈，短氣，皆見詩。○僾音愛。唈，烏合切。

基，經也。基業所以自經營。

基，設也。亦爲造設。

祺，祥也。謂徵祥。

祺，吉也。祥吉之先見。

兆，域也。

謂塋界。

肇。敏也。書曰：肇牽車牛。

挾。藏也。今江東通言挾。

浹。徹也。謂霑徹。○浹音接。

替。廢也。替。滅也。亦爲滅絶。

速。徵也。徵。召也。易曰：不速之客。

琛。寶也。詩曰：來獻其琛。○琛敕金切

探。試也。刺探嘗試。

髦。選也。俊士之選。

髦。俊也。士中之俊，如毛中之髦。

俾。職也。使供職。

紕。飾也。謂緣飾。見詩。○紕音備。

淩。慄也。淩懅戰慄。○淩音凌。

慄。感也。戰慄者憂感。

蠲。明也。蠲清明貌。

茅。明也。左傳曰：前茅慮無。

明。朗也。

猷。圖也。周官曰：以猷鬼神祇。謂圖畫。

猷。若也。詩曰：寔命不猷。

偁。舉也。書曰：偁爾戈。

稱。好也。物稱人意，亦爲好。

坎。律。銓也。
易坎卦主法法律皆所以銓量輕重。

矢。誓也。
相約誓。

舫。舟也。
並兩船。

泳。游也。
潛行游水底。

迨。及也。
東齊曰迨。

冥。幼也。
幼稚者冥昧。

降。下也。

傭。均也。
齊等○傭勑容切

强。暴也。
彊梁淩暴。

宨。肆也。
輕宨者好放肆。

肆。力也。
肆極力。

俅。戴也。
詩曰戴弁俅俅。

瘞。幽也。
幽亦薶也。

氂。罽也。
毛氂所以爲罽。○氂音離罽音計

烘。燎也。
謂燒燎。○燎音料。

煁。烓也。
今之三隅竈見詩。○煁市針切烓頃。

陪。朝也。
陪位爲朝。

康。苛也。
謂苛刻○苛音何。

樊。藩也。
謂藩籬。

賦。量也。
賦稅所以評量。

粻。糧也。

今江東通言䑧。

庶，侈也。庶者衆多為奢侈。

庶，幸也。庶幾，僥倖。

䈞，拾也。謂拾掇。○䈞音竹。

奘，駔也。今江東呼大為駔，駔猶麤也。○奘，徂朗切。駔音租。

集，會也。

舫，泭也。水中䉴筏。○泭音孚。

洵，均也。謂調均。

洵，龕也。未詳。

逮，遝也。今荊楚人皆云遝。○遝音沓。

是，則也。是事可法則。

畫，形也。畫者為形像。○畫音畫。

賑，富也。謂隱賑富有。○賑，之忍反。

局，分也。謂分部。○分，部問切。

懠，怒也。詩曰：天之方懠。○懠，才細切。

僁，聲也。謂聲音。○僁音屑。

葵，揆也。詩曰：天子揆之。

揆，度也。商度。○度，徒各切。

逮，及也。

惄，飢也。惄然飢意。

眕，重也。謂厚重。見左傳。○眕，之忍切。

獵，虐也。

凌獵暴虐。

土田也。別二名。

戍遏也。戍守所以止寇賊。

師人也。謂人衆。

硈鞏也。硈然堅固。○硈苦角切

棄忘也。

囂閑也。囂然閑暇貌。○囂丘刀切

謀心也。謀慮以心。

獻聖也。謚法曰聰明睿智曰獻。

里邑也。謂邑居。

襄除也。詩曰不可襄也。

振古也。詩曰振古如茲。猶云久若此。

懟怨也。懟音隊

縭介也。縭者繫也。介猶閡。○縭音離

號謼也。今江東皆言謼。○號音毫謼火胡切

凶咎也。

包稹也。今人呼物叢致者爲稹。

逜寤也。相干寤。逜音寤○

顁題也。題額也。詩曰麟之定。○顁丁佞切

猷肯可也。詩曰猷來無棄。肯今通言。

務侮也。詩曰外禦其侮。

貽遺也。

相歸遺○遺唯季切

貿買也

廣二名

賄財也

甲狎也

謂習狎

菼騅也菼薍也

詩曰毳衣如菼菼草色如騅在青白之間○菼他敢切薍五患切

粲餐也

今河北人呼食爲粲○餐音孫

渝變也

謂變易

宜肴也

詩曰與子宜之

夷悅也

詩曰我心則夷

顛頂也

頭上

耋老也

八十爲耋○耋音迭

輶輕也

詩曰德輶如毛○輶酉

俴淺也

詩曰小戎俴收○俴音踐

綯絞也

糾絞繩索○綯音陶

訛化也

詩曰四國是訛

跋躐也

詩曰狼跋其胡躐音獵

疐跲也

詩曰載疐其尾○疐音致跲其業切

烝塵也

人衆所以生塵埃

戎相也

相佐助

飫私也

宴飲之私

孺屬也

謂親屬

幕，暮也。幕然暮夜。

爓，熾也。熾，盛也。互相訓。爓義見詩。

柢，本也。謂根本。○柢音帝。

窕，閑也。窈窕。閑隙。○閑音閑。

淪，率也。相率使。

罹，毒也。憂思慘毒。

檢，同也。模範同等。

郵，過也。道路所經過。

遜，遯也。謂逃去。

斃，踣也。前覆。

僨，僵也。卻偃。○僨音奮。僵音姜。

畛，殄也。謂殄絶。

曷，盍也。盍何不。

虹，潰也。謂潰敗。○潰音會。

隌，闇也。隌然。冥貌。○隌音唵。闇音暗。

黏，膠也。膠黏。黐。○黐女乙切。

孔，甚也。厥，其也。戛，禮也。謂常禮。

闍，臺也。城門臺。○闍音都。

囚，拘也。謂拘執。

攸，所也。展，適也。得自申展。皆適意。

鬱。氣也。鬱然氣出。

宅。居也。

休。慶也。

祈。叫也。祈祭者叫呼而請事。

濬。幽。深也。濬亦深也。

哲。智也。

弄。玩也。

尹。正也。謂官正也。

皇。匡。正也。詩曰四國是皇。

服。整也。服御之令齊整。

聘。問也。見穀梁傳。

愧。慙也。

殛。誅也。

克。能也。翌。明也。書曰鯀則殛死○殛紀力切

訩。訟也。書曰翌日乃瘳。言訩譊。

晦。冥也。奔。走也。逡。退也。外傳曰已復於事而逡○冥亡定切

𡨚。仆也。頓躓倒仆○仆音赴

亞。次也。諗。念也。相思念。諗音沈○

屆。極也。有所限極。

弇。同也。

弇。蓋也。詩曰奄有龜蒙。謂覆蓋。

恫。痛也。

握。具也。詩曰神罔時恫。

謂備具

振，訊也。振者奮迅。

閱，恨也。相怨恨。○閱呼歷切

越，揚也。謂發揚。

對，遂也。詩曰對揚王休。

燬，火也。詩曰王室如燬。燬，齊人語。○燬音毀

懈，怠也。

宣，緩也。謂寬緩。

遇，偶也。偶爾相值遇。

曩，曏也。國語曰曩而言戲也。

偟，暇也。詩曰不遑啟處。○偟音皇

宵，夜也。

懊，忨也。謂愛忨。○懊烏報切 忨五館切

愒，貪也。謂貪羨。○愒苦蓋切

榰，柱也。相榰柱。○榰音枝 柱音拄

裁，節也。竝，併也。詩曰竝坐鼓瑟。

卒，既也。既已。

慒，慮也。謂謀慮也。○慒音囚

將，資也。謂資裝。

黹，紩也。今人呼縫紩衣為黹。○黹致恥切 紩音秩

遞，迭也。更迭。

矧，況也。

譬況。

廩，廯也。或說云即倉廩所未詳。○廯息淺切。

逭，逃也。亦見禮記。○逭音換。

訊，言也。相問訊。

閒，俔也。左傳謂之諜。今之細作也。○閒諜俔胡典切。

沄，沆也。水流漭沆。○沄音云沆胡黨切。

干，扞也。相扞衞。

趾，足也。足脚。

䠊，刖也。斷足。○䠊扶味切。

襄，駕也。書曰懷山襄陵。

忝，辱也。燠，煖也。今江東通言燠。○燠於六切。

塊，堛也。土塊也。外傳曰枕由以堛。○堛孚逼切。

將，齊也。謂分齊也。詩曰或肆或將。○齊才細切。

餬，饘也。糜也。

啓，跪也。小跽。

矈，密也。謂緻密。○矈武延切。

開，闢也。書曰闢四門。

袍，襺也。左傳曰重襺衣裘。○襺古典切。

障，畛也。謂壅障。

靦，姡也。面姡然。○姡音滑。

鬻，糜也。

淖糜。○鬻之六切

舒。緩也。謂遲緩。

翿。纛也。今之羽葆幢。○翿徒刀切

纛。翳也。舞者所以自蔽翳。○纛徒到切

隍。壑也。城池空者爲壑。

芼。搴也。謂拔取菜。

典。經也。威。則也。威儀可法則。

苛。妎也。煩苛者多嫉妎。○妎胡計切

芾。小也。芾者小貌。○芾音貝

迷。惑也。狃。復也。狃伏復爲。○狃女九切　復扶又切

逼。迫也。般。還也。

左傳曰般馬之聲。○般音班　還音旋

班。賦也。謂布與。

濟。渡也。濟。成也。濟。益也。所以廣異訓，各隨事爲義。

緍。綸也。詩曰維絲伊緍。緍。繩也。江東謂之綸。○緍音民

辟。歷也。未詳。○辟婢亦切

漦。盝也。漉漉出涎沫。○漦仕其切

寬。綽也。謂寬裕也。

袞。黻也。袞衣有黻文。

皇。華也。釋草曰。葟。華。榮。○華胡瓜切

昆。後也。謂先後。方俗語。

彌。終也。

終竟也

爾雅卷二

爾雅卷三

晉著作郎弘農太守聞喜郭　璞註

明　後　學　東吳金　蟠訂

釋訓第三

明明斤斤。察也。皆聰明鑒察。○斤居覲反

條條秩秩。智也。皆智思深長。○條由

穆穆肅肅。敬也。皆容儀謹敬。

諸諸便便。辯也。皆言辭辯給。○便婢綿反

肅肅翼翼。恭也。皆恭敬。

廱廱優優。和也。皆和樂。○廱於容反

兢兢憴憴。戒也。皆戒慎。

戰戰蹌蹌。動也。皆恐動趍步。

晏晏溫溫。柔也。皆和柔。

業業翹翹。危也。皆懸危。

惴惴憢憢。懼也。皆危懼。○惴之瑞反憢許堯反

番番矯矯。勇也。皆壯勇之貌。○番波矯居兆反。

桓桓烈烈。威也。皆嚴猛之貌。

洸洸赳赳。武也。皆果毅之貌。

藹藹濟濟。止也。皆賢士盛多之容止。○藹烏害反濟子禮反

悠悠洋洋。思也。皆憂思。○思賜

蹶蹶踖踖。敏也。皆便速敏捷也。○踖夕

薨薨增增。衆也。皆衆夥之貌。

烝烝遂遂作也。皆物盛興作之貌。

委委佗佗美也。皆佳麗美豔之貌。○佗陀

忯忯惕惕愛也。詩云心焉惕惕。韓詩以為悅人故言愛也。忯忯未詳。○忯徒啓反。

偁偁格格舉也。皆舉持物。

蓁蓁孽孽戴也。皆頭戴物。

懕懕媞媞安也。皆好人安詳之容。○懕於占反。媞題。

祁祁遲遲徐也。皆安徐。

丕丕簡簡大也。皆多大。

存存萌萌在也。萌萌未見所出。

懋懋慔慔勉也。皆自勉強。○懋茂。慔暮。

庸庸慅慅勞也。皆劬勞也。○慅騷。

赫赫躍躍迅也。皆盛疾之貌。○赫音釋。

綽綽爰爰緩也。

坎坎墫墫喜也。皆鼓舞懽喜。○墫七旬反。

瞿瞿休休儉也。皆良士節儉。○瞿居其反。

旭旭蹻蹻憍也。皆小人得志憍蹇之貌。○蹻巨虐反。憍嬌夭反。

夢夢訰訰亂也。皆闇亂。○夢亡工反。訰之閏反。

爆爆邈邈悶也。皆煩悶。○爆雹。

儚儚洄洄惛也。皆迷惛。○儚亡崩反。

版版盪盪僻也。皆邪僻。

爞爞炎炎薰也。

皆旱熱薰炙人。○爞音同。

居居究究惡也。皆相憎惡。

仇仇敖敖傲也。皆傲慢賢者。○敖五高反，傲五耗反。

佌佌瑣瑣小也。皆才器細陋。○佌音此。

悄悄慘慘愠也。皆賢人愁恨。

痯痯瘐瘐病也。皆賢人失志懷憂病也。○痯管，瘐羊主反。

殷殷惸惸忉忉慱慱欽欽京京忡忡惙惙怲怲弈弈憂也。此皆作者歌事以詠心憂。○惸瓊，慱團，怲柄。

畇畇田也。言墾辟也。○畇音巡。

畟畟耜也。言嚴利。○畟楚力反。

郝郝耕也。言土解。○郝釋。

繹繹生也。言種調。

穟穟苗也。言茂好也。○穟音遂。

緜緜穮也。言芸耨精。○穮方遙反。

挃挃穫也。刈禾聲。○挃丁秩反，穫戶郭反。

栗栗衆也。積聚緻。

溞溞淅也。洮米聲。○溞蘇刀切，淅音錫。

烰烰烝也。氣出盛。

俅俅服也。謂戴弁服。

峨峨祭也。謂執圭璋助祭。

鍠鍠樂也。鐘鼓音。○鍠音黄。

穰穰福也。言饒多。

子子孫孫引無極也。世世昌盛長無窮。

顒顒卬卬君之德也。道君人者之德望。

丁丁嚶嚶相切直也。丁丁斫木聲，嚶嚶兩鳥鳴，以喻朋友切磋相正。○丁音爭。

藹藹萋萋臣盡力也。梧桐茂，賢才衆，地極化，臣竭忠。○盡苦忍切。

噰噰喈喈民協服也。鳳凰應德鳴相和，百姓懷附興頌歌。○喈音皆。

佻佻契契愈遐急也。賦役不均，小國困竭，賢人憂歎，遠益急切。○佻敕料、契苦結反。

宴宴粲粲尼居息也。盛飾宴安，近處優閑。○尼女乙反。

哀哀悽悽懷報德也。悲苦征役，思所生也。

儵儵嘒嘒罹禍毒也。悼王道穢塞，羨蟬鳴自得，傷己失所遭讒賊。○儵徒的、嘒呼惠。

晏晏旦旦悔爽忒也。傷見絕棄，恨士失也。

皋皋琄琄刺素食也。譏無功德，尸寵祿也。○琄胡犬反，刺七賜反。

懽懽熎熎憂無告也。賢者憂懼，無所訴也。○懽音貫，熎音遙。

憲憲泄泄制法則也。佐興虐政，設教令也。

謔謔謞謞崇讒慝也。樂禍助虐，增譖惡也。○謞虛各切。

翕翕訿訿莫供職也。賢者陵替，姦黨熾，背公卹私，曠職事。○訿子氏切。

速速蹙蹙惟逑鞫也。陋人專祿，國侵削，賢士永哀念窮迫。

抑抑密也。威儀審諦。

秩秩清也。德音清泠。

粵夆掣曳也。謂牽挽。○粵普經切，夆芳逢切，掣充世切。

朔北方也謂幽朔

不俟不來也不可待是不復來

不遹不蹟也言不循軌跡也○遹聿

不徹不道也徹亦道也

勿念勿忘也勿念念也

萲諼忘也義見伯兮考槃詩○萲諼音喧

每有雖也詩曰每有良朋辭之雖也

饎酒食也猶今云饎饌皆一語而兼通

舞號雩也雩之祭舞者吁嗟而請雨○雩音于

暨不及也公羊傳曰及我欲之暨不得已暨不得已是不得及○暨音忌

蠢不遜也蠢動爲惡不謙遜也

如切如磋道學也骨象須切磋而爲器人須學問以成德

如琢如磨自修也玉石之被琢磨猶人自修飾

瑟兮僩兮恂慄也恒戰慄○僩音限

赫兮烜兮威儀也貌光宣○烜音喧

有斐君子終不可諼兮斐文貌

道盛德至善民之不能忘也常思詠

既微且尰骭瘍爲微腫足爲尰骭脚脛瘍創也○尰詩勇切骭音莧瘍音羊

是刈是濩濩煑之也煑葛爲絺綌

履帝武敏武迹也敏拇也拇迹大指處○拇音畝

張仲孝友。

周宣王時賢臣。

善父母爲孝，善兄弟爲友。

有客宿宿，言再宿也。有客信信，言四宿也。

再宿爲信，重言之，故知四宿。

美女爲媛。

所以結好媛。○媛，于眷切。

美士爲彥。

人所彥詠。

其虛其徐，威儀容止也。

雍容都雅之貌。

猗嗟名兮，目上爲名。

眉眼之間。○猗，於宜切。

式微式微者，微乎微者也。

言至微。

之子者，是子也。

斥所詠。

徒御不驚，輦者也。

步挽輦車。

襢裼，肉袒也。

脫衣而見體。○襢音旦，裼音息。

暴虎，徒搏也。

空手執也。

馮河，徒涉也。

無舟楫。○馮音平。

籧篨，口柔也。

籧篨之疾不能俯，口柔之人視人顏色常亦不伏，因以名云。○籧音渠，篨音除。

戚施，面柔也。

戚施之疾不能仰，面柔之人常俯，似之，亦以名云。

夸毗，體柔也。

屈己卑身以柔順人也。○夸音誇。

婆娑，舞也。

舞者之容。

擗，拊心也。

謂椎胷也。○擗，婢亦。拊，撫。

矜憐，撫掩之也。

撫掩猶撫拍，謂慰卹也。

緎，羔裘之縫也。

縫飾羔皮之名。○緎，棫。縫，逢。

殿屎，呻也。

呻吟之聲。○殿丁練切。屎音希。

幬謂之帳。

今江東亦謂帳爲幬。○幬音紬。

侜張，誑也。

書曰：無或侜張爲幻。幻，惑欺誑人者。○侜張留切。

誰昔，昔也。

誰，發語辭。

不辰，不時也。

辰亦時也。

凡曲者爲罶。

毛傳曰：罶，曲梁也。凡以薄爲魚笱者名爲罶。○罶力九切。

鬼之爲言歸也。

尸子曰：古者謂死人爲歸人。

釋親第四

宗族

父爲考，母爲妣。

禮記曰：生曰父、母、妻，死曰考、妣、嬪。今世學者從之。案尚書曰：大傷厥考心。事厥考厥長。聰聽祖考之彝訓。如喪考妣。公羊傳曰：惠公者何？隱之考也。仲子者何？桓之母也。蒼頡篇曰：考妣延年。書曰：嬪于虞。詩曰：聿嬪于京。周禮有九嬪之官。明此非死生之異稱矣。其義猶今謂兄爲晜，妹爲媦，即是此例也。○妣音比。

父之考爲王父，父之妣爲王母。

如王者，尊之。

王父之考爲曾祖王父，王父之妣爲曾祖王母。

曾猶重也。

曾祖王父之考爲高祖王父，曾祖王父之妣爲高祖王母。

高者，言最在上。

父之世父、叔父爲從祖祖父，父之世母、叔母爲從祖祖母。

從祖而別，世統異故。○從竝才用反。

父之晜弟，先生爲世父，後生爲叔父。

世有爲嫡者，嗣世統故也。

男子先生爲兄，後生爲弟。男子謂女子先生爲姊，後生爲妹。父之姊妹爲姑。父之從父晜弟爲從祖父，父之從祖晜弟爲族父。族父之子相謂爲族晜弟。族晜弟之子相謂爲親同姓。

同姓之親無服屬。○晜音昆。

兄之子、弟之子相謂爲從父晜弟。

從父而別。

子之子爲孫。

孫猶後也。

孫之子爲曾孫。

曾猶重也。

曾孫之子爲玄孫。

玄者言親屬微昧也。

玄孫之子爲來孫。

言有往來之親。

來孫之子爲晜孫。

晜，後也。汲冢竹書曰不窋之晜孫。

晜孫之子爲仍孫。

仍亦重也。

仍孫之子爲雲孫。

言輕遠如浮雲。

王父之姊妹爲王姑。曾祖王父之姊妹爲曾祖王姑。高祖王父之姊妹爲高祖王姑。父之從父姊妹爲從祖姑。父之從祖姊妹爲族祖姑。父之從父晜弟之母爲從祖王母。父之從祖晜弟之母爲族祖王母。父之兄妻爲世母。父之弟妻爲叔母。父之從父晜弟之妻爲從祖母。父之從祖晜弟之妻爲族祖母。父之從祖祖父爲族曾王父。父之從祖祖母爲族曾王母。父之妾爲庶母。祖，王父也。晜，兄也。

今江東人通言晜。

母黨

母之考爲外王父。母之妣爲外王母。母之王考爲外曾王父。母之王妣爲外曾王母。

異姓故言外。

母之晜弟爲舅。母之從父晜弟爲從舅。母之姊妹爲從母。從母之男子爲從母晜弟，其女子子爲從母姊妹。

妻黨

妻之父爲外舅。妻之母爲外姑。

謂我舅者，吾謂之甥。然則亦宜呼壻爲甥。孟子曰：帝館甥于貳室，是也。

姑之子爲甥。舅之子爲甥。妻之晜弟爲甥。姊妹之夫爲甥。

四人體敵，故更相爲甥。甥猶生也。今人相呼蓋依此。

妻之姊妹同出爲姨。

同出謂俱已嫁。詩曰：邢侯之姨。

女子謂姊妹之夫爲私。

詩曰：譚公維私。

男子謂姊妹之子爲出。

公羊傳曰：蓋舅出。

女子謂晜弟之子爲姪。

左傳曰：姪其從姑。○姪，徒結反。

謂出之子爲離孫，謂姪之子爲歸孫，女子子之子爲外孫。女子同出，謂先生爲姒，後生爲娣。

同出，謂俱嫁事一夫。公羊傳曰：諸侯娶一國，二國往媵之，以姪娣從。娣者何？弟也。此即其義也。○姒音似，娣音弟。

女子謂兄之妻爲嫂，弟之妻爲婦。

猶今言新婦是也。

長婦謂稚婦爲娣婦，娣婦謂長婦爲姒婦。

今相呼先後，或云妯娌。

婚姻

婦稱夫之父曰舅，稱夫之母曰姑。姑舅在則曰君舅、君姑，沒則曰先舅、先姑。

國語曰：吾聞之先姑。

謂夫之庶母爲少姑，夫之兄爲兄公。

今俗呼兄鍾，語之轉耳。○公音鍾。

夫之弟爲叔，夫之姊爲女公，夫之女弟爲女妹。

今謂之女妹是也。

子之妻爲婦，長婦爲嫡婦，衆婦爲庶婦。女子子之夫爲壻，壻之父爲姻，婦之父爲婚。父之黨爲宗族，母與妻之黨爲兄弟。婦之父母、壻之父母相謂爲婚姻。兩壻相謂爲亞。

詩曰：瑣瑣姻亞。今江東人呼同門爲僚壻。

婦之黨爲婚兄弟，壻之黨爲姻兄弟。

古者皆謂婚姻爲兄弟。

嬪，婦也。

書曰：嬪于虞。○嬪音頻。

謂我舅者，吾謂之甥也。

爾雅卷三

爾雅卷四

晉著作郎弘農太守聞喜郭　璞注

明　後學　東吳葛　鼒訂

釋宮第五

宮謂之室。室謂之宮。皆所以通古今之異語，明同實而兩名。

牖戶之間謂之扆。窗東戶西也。禮云斧扆者，以其所在處名之。○扆音倚

其內謂之家。今人稱家，義出於此。

東西牆謂之序。所以序別內外。

西南隅謂之奧。室中隱奧之處。

西北隅謂之屋漏。詩曰：尚不愧於屋漏。其義未詳。

東北隅謂之宧。宧見禮，亦未詳。○宧夷

東南隅謂之窔。禮曰：埽室聚窔。窔亦隱闇。○窔要

柣謂之閾。閾，門限。○柣于結切。閾域。

棖謂之楔。門兩旁木。○楔古黠切

楣謂之梁。門戶上橫梁。

樞謂之椳。門戶扉樞。○樞昌朱切。椳於回切。

樞達北方謂之落時。門持樞者，或達北檼，以為固也。

落時謂之戹。道二名也。○戹士

垝謂之坫。在堂隅。坫，端也。○垝古委反

牆謂之墉。書曰：既勤垣墉。

鏝謂之杇。泥鏝。○杇烏

椹謂之榩。斫木櫍也。○椹砧。榩虔

地謂之黝 黑飾地也。○黝，於糾反。

牆謂之堊 白飾牆也。○堊，於故反。

樴謂之杙 橜也。○樴，徒得反。杙，亦

在牆者謂之楎 禮記曰：不敢縣於夫之楎椸。○楎，暉。

在地者謂之臬 即門橜也。○臬，魚列反。

大者謂之栱，長者謂之閣 別杙所在長短之名。

闍謂之臺 積土四方。○闍，都。

有木者謂之榭 臺上起屋。

雞棲於弋爲榤，鑿垣而棲爲塒 今寒鄉穿牆棲雞，皆見詩。○榤，竭。垣，袁。塒，時。

植謂之傳，傳謂之突 戶持鎖植也。見埤蒼。

杗廇謂之梁 屋大梁也。○杗，亡。廇，力又反。

其上楹謂之梲 侏儒柱也。○梲，拙。

開謂之槉 柱上欂也，亦名枅，又曰楶。○開，卞。槉，疾。

栭謂之楶 即櫨也。○楶，節。

棟謂之桴 屋穩。○桴，浮。

桷謂之榱 屋椽。○榱，衰。

桷直而遂謂之閱 謂五架屋際椽正相當。

直不受檐謂之交 謂五架屋際椽不直上檐，交於穩上。○檐，簷。

檐謂之樀 屋梠。○樀，滴。

容謂之防 形如今牀頭小曲屏風，唱射者所以自防隱。見周禮。

連謂之簃。堂樓閣邊小屋，今呼之簃厨連觀也。○簃，丈知反

屋上薄謂之筄。屋笮。○筄音曜

兩階間謂之鄉。人君南鄉當階間。○鄉，向

中庭之左右謂之位。羣臣之側位也。

門屏之間謂之宁。人君視朝所宁立處。○屏音併，宁，佇

屏謂之樹。小牆當門中。

閍謂之門。詩曰：祝祭於祊。○閍，補耕反

正門謂之應門。朝門。

觀謂之闕。宮門雙闕。○觀，貫

宮中之門謂之闈。謂相通小門也。

其小者謂之閨，小閨謂之閤。大小異名。

衖門謂之閎。左傳曰：盟諸僖閎。閎，衖頭門。○衖，巷

門側之堂謂之塾。夾門堂也。○塾，熟

橛謂之闑。門閫。○橛，其月反；闑，魚列反

闔謂之扉。公羊傳曰：齒著于門闔。

所以止扉謂之閎。門辟旁長橛也。左傳曰：高其閈閎。閎，長杙，即門橜也。

瓴甋謂之甓。甂甎也。今江東呼瓴甓。○瓴，靈；甋，的；甓，蒲覓切

宮中衖謂之壼。巷閤間道。○壼，苦本切

廟中路謂之唐。詩曰：中唐有甓。

堂途謂之陳。堂下至門徑也。

路、旅，途也。途即道也。

路、場、猷、行，道也。博説道之異名。

一達謂之道路。長道。

二達謂之歧旁。歧道旁出也。

三達謂之劇旁。今南陽冠軍樂鄉，數道交錯，俗呼之五劇鄉。○劇，極。

四達謂之衢。交道四出。

五達謂之康。史記所謂康莊之衢。

六達謂之莊。左傳曰：得慶氏之木百車於莊。

七達謂之劇驂。三道交，復有一歧出者。今北海劇縣有此道。

八達謂之崇期。四道交出。

九達謂之逵。四道交出，復有旁通。

室中謂之時，堂上謂之行，堂下謂之步，門外謂之趨，

中庭謂之走，大路謂之奔。此皆人行步趨走之處，因以名云。

隄謂之梁。即橋也。或曰石絕水者為梁，見詩傳。○隄，低。

石杠謂之徛。聚石水中以為步渡彴也。孟子曰：歲十一月徒杠成。或曰今之石橋。○杠，江。徛，寄。

室有東西廂曰廟。夾室前堂。

無東西廂有室曰寢。但有大寢。

無室曰榭。榭即今堂堭。

四方而高曰臺。陝而脩曲曰樓。脩，長也。○陝音狹。

釋器第六

木豆謂之豆。豆，禮器也。

竹豆謂之籩。籩，亦禮器。○籩音邊。

瓦豆謂之登。即膏登也。

盎謂之缶。盎，盆也。

甌瓿謂之瓵。瓿甊，小甖。長沙謂之瓵。○瓿，蒲口切。瓵，移。

康瓠謂之甈。瓠，壺也。賈誼曰：寶康瓠是也。○瓠，胡。甈，契。

斪斸謂之定。鋤屬。○斪，衢。斸，丁錄反。定，多佞反。

斫謂之鐯。钁也。○鐯，張略切。

斛謂之疀。皆古鍬插字。○斛，鍬。疀，插。

緵罟謂之九罭。九罭，魚罔也。今之百囊罟，是亦謂之罽。今江東謂之緵。○緵，子弄。罭，域。

嫠婦之笱謂之罶。毛詩傳曰：罶，曲梁也。謂以薄為魚笱。○嫠，離。笱，狗。

罺謂之汕。今之撩罟。○罺，朝。汕，所諫切。

篧謂之罩。捕魚籠也。○篧，主角。

槮謂之涔。今之作槮者，聚積柴木於水中，魚得寒入其裏藏隱，因以薄圍捕取之。○槮，桑感切。

鳥罟謂之羅。謂羅絡之。

兔罟謂之罝。罝猶遮也。見詩。○罝，嗟。

麋罟謂之罞。冒其頭也。○罞，菲。

彘罟謂之羉。羉，幕也。○彘，滯。羉，鸞。

魚罟謂之罛。最大罟也。今江東云。○罛，孤。

繴謂之罿。罿，罬也。罬謂之罦。罦，覆車也。今之翻車也。有兩轅，中施罥以捕鳥。展轉相解，廣異語。○繴，壁。罿，衝。罬，拙。罦，浮。

絇謂之救。救絲以為絇，或曰亦罥名。○絇，其具切。

律謂之分。律管可以分氣。○分音粉

大版謂之業。築牆版也

繩之謂之縮之。縮者約束之。詩曰縮版以載。

彝卣罍器也。皆盛酒尊。彝其總名。○卣音酉

小罍謂之坎。罍形似壺。大者受一斛。

衣裗謂之視。衣縷也。齊人謂之攣。或曰袿衣之飾。○裗流。視倪

黼領謂之襮。繡刺黼文以褗領。○襮博

緣謂之純。衣緣飾也。○緣餘絹切。純之閏切

袕謂之褮。衣開孔也。○袕穴。褮營

衣眥謂之襟。交領。○眥才細切

衱謂之裾。衣後裾也。○衱劫

衿謂之袸。衣小帶。○袸賤

佩衿謂之褑。佩玉之帶上屬。○褑院

執衽謂之袺。持衣上衽。○衽稔。袺結

扱衽謂之襭。扱衣上衽於帶。○扱插

衣蔽前謂之襜。今蔽膝也。○襜昌占切

婦人之褘謂之縭。縭，緌也。卽今之香纓也。褘邪交落帶繫於體，因名爲褘。緌，繫也。○褘韋。縭離。緌汝誰切

裳削幅謂之纀。削殺其幅深衣之裳。○纀卜

輿革前謂之鞎。以韋靶車軾。

後謂之第。以韋靶後戶。

竹前謂之禦。以簟衣軾。

後謂之蔽。以簟衣後戶。

環謂之捐。著車衆環。○捐因絹反。

鑣謂之钀。馬勒旁鐵。○鑣表驕反。钀魚列反。

載轡謂之轙。車軛上環，轡所貫也。○轙儀。

轡首謂之革。轡，靶勒。見詩。

餀謂之餯。說物臭也。○餀呼蓋反。餯許穢切。

食饐謂之餲。飯饖臭。見論語。○饐意。餲隘。

摶者謂之糷。飯相著。○糷爛。

米者謂之檗。飯中有腥。○檗柏。

肉謂之敗。臭壞。

魚謂之餒。肉爛。○餒奴罪切。

肉曰脫之。剝其皮也。今江東呼麋鹿之屬通為肉。

魚曰斮之。謂斮削鱗也。○斮莊略反。

冰，脂也。莊子云：「肌膚若冰雪。」冰雪，脂膏也。

肉謂之羹。肉臛也。廣雅曰湇。見左傳。

魚謂之鮨。鮓屬也。見公食大夫禮。○鮨祁。

肉謂之醢。肉醬。○醢海。

有骨者謂之臡。雜骨醬。見周禮。○臡泥。

康謂之蠱。米皮。

澱謂之垽。

滓澱也。今江東呼垽。○垽魚覲切

鼎絕大謂之鼐。

最大者。○鼐耐

圜弇上謂之鼒。

鼎斂上而小口。○圜袁鼒咨

附耳外謂之釴。

鼎耳在表。○釴亦

款足者謂之鬲。

鼎曲脚也。○款苦管反鬲力

䰝謂之鬵。

詩曰：溉之釜鬵。○鬵音尋

鬵，鉹也。

涼州呼鉹。○鉹音移

璲，瑞也。

詩曰：鞙鞙佩璲。璲者，玉瑞。○璲遂

玉十謂之區。

雙玉曰瑴，五瑴爲區。○區羌于反

羽本謂之翮。

鳥羽根也。○翮戶革切

一羽謂之箴，十羽謂之縳，百羽謂之緷。

別羽數多少之名。○縳篆緷衮

木謂之虡。

懸鍾磬之木，植者名虡。○虡音巨

旄謂之藣。

旄牛尾也。○藣音卑

菜謂之蔌。

蔌者，菜茹之總名。見詩。○蔌音速

白蓋謂之苫。

白茅苫。今江東呼爲蓋。○蓋合

黃金謂之璗，其美者謂之鏐。白金謂之銀，其美者謂之鐐。

此皆道金銀之別名及精者。鏐即紫磨金。○璗蕩鏐留鐐遼

鉼金謂之鈑。

周禮曰：祭五帝即供金鈑是也。○鉼餅鈑版

錫謂之鈏。

白鑞。○鈏引

象謂之鵠，角謂之觷，犀謂之剒，木謂之剫，玉謂之雕。

左傳曰：山有木，工則剫之。五者皆治樸之名。○鵠斛觷獄剒錯剫鐸

金謂之鏤，木謂之刻，骨謂之切，象謂之磋，玉謂之琢。

石謂之磨。六者皆治器之名。

璆琳，玉也。璆琳，美玉名。○璆，音求。

簡謂之畢。今簡札也。

不律謂之筆。蜀人呼筆爲不律也，語之變轉。

滅謂之點。以筆滅字爲點。

絶澤謂之銑。銑即美金，言最有光澤也。國語曰：玦之以金銑者，謂此也。○銑，蘇典切。

金鏃翦羽謂之鍭。今之錍箭是也。○鏃，作木切。

骨鏃不翦羽謂之志。今之骨骲是也。

弓有緣者謂之弓。緣者繳纏之，即今宛轉也。○緣，椽。

無緣者謂之弭。今之角弓也。左傳曰：左執鞭弭。○弭，尾。

以金者謂之銑，以蜃者謂之珧，以玉者謂之珪。用金蚌玉飾弓兩頭，因取其類以爲名。珧，小蚌。○蜃，腎；珧，姚。

珪大尺二寸謂之玠。詩曰：錫爾玠珪。

璋大八寸謂之琡。璋，半珪也。○琡，叔。

璧大六寸謂之宣。漢書所云瑄玉是也。

肉倍好謂之璧。肉，邊也；好，孔。○好，耗。

好倍肉謂之瑗。孔大於邊也。○瑗，院。

肉好若一謂之環。邊孔適等。

繸，綬也。即佩玉之組，所以連繫瑞玉者，因通謂之繸。

一染謂之縓。今之紅也。○縓，綵戀切。

再染謂之赬。染赤。○赬，敕呈切。

三染謂之纁。纁絳也。○纁勳

青謂之葱。淺色。

黑謂之黝。黑貌。周禮曰。陰祀用黝牲。○黝於糾反

斧謂之黼。黼文畫斧形。因名云。

邸謂之柢。根柢。皆物之邸。邸即底。通語也。○邸音氐

雕謂之琢。治玉名也。

蓐謂之茲。公羊傳曰。屬負茲。茲者。蓐席也。○蓐音辱

竿謂之箷。木架。○箷音移

簀謂之笫。牀版。○笫側子切

革中絕謂之辨。中斷皮也。○辨音片

革中辨謂之韏。復分半也。○韏音眷

鏤。鋑也。刻鏤物爲鋑。○鋑蘇婁切

卣。中尊也。不大不小者。○卣音酉

爾雅卷四

爾雅卷五

晉著作郎弘農太守聞喜郭　璞註

明後學　東吳金　蟠訂

釋樂第七

宮謂之重。商謂之敏。角謂之經。徵謂之迭。羽謂之柳。皆五音之別名。其義未詳。○徵之矢反。

大瑟謂之灑。長八尺一寸。廣一尺八寸。二十七絃。○灑所蟹切。

大琴謂之離。或曰。琴大者二十七絃。未詳長短。廣雅曰。琴長三尺六寸六分。五絃。

大鼓謂之鼖。鼖長八尺。○鼖墳。

小者謂之應。詩曰。應朄縣鼓。在大鼓側。○應音膺。

大磬謂之毊。毊形似犂錧。以玉石為之。○毊虛驕反。

大笙謂之巢。列管匏中。施簧管端。大者十九簧。

小者謂之和。十三簧者。鄉射記曰。三笙一和而成聲。

大篪謂之沂。篪以竹為之。長尺四寸。圍三寸。一孔上出寸三分。名翹。橫吹之。小者尺二寸。廣雅云八孔。○篪池沂銀。

大塤謂之嘂。塤燒土為之。大如鵝子。銳上平底。形如稱錘。六孔。小者如雞子。○塤喧。嘂叫。

大鐘謂之鏞。書曰。笙鏞以間。亦名鏄。○鏄音博。

其中謂之剽。小者謂之棧。

大簫謂之言。編二十三管。長尺四寸。

小者謂之筊。十六管。長尺二寸。簫一名籟。○筊音爻。

大管謂之簥。管長尺。圍寸。併漆之。有底。賈氏以為如篪。六孔。○簥音嬌。

其中謂之篞。小者謂之篎。○篞乃結切。篎音眇。

大籥謂之產。籥如笛。三孔而短小。廣雅云七孔。

其中謂之仲。小者謂之箹。

徒鼓瑟謂之步。

獨作之。

徒吹謂之和，徒歌謂之謠。詩云：我歌且謠。○吹，昌睡切。和，去聲。

徒擊鼓謂之咢。詩曰：或歌或咢。○咢，五各反。

徒鼓鐘謂之修，徒鼓磬謂之寋。未見義所出。○寋，紀展切。

所以鼓柷謂之止。柷如漆桶，方二尺四寸，深一尺八寸，中有椎柄，連底挏之，令左右擊。止者其椎名。○柷，昌敦切。

所以鼓敔謂之籈。敔如伏虎，背上有二十七鉏鋙，刻以木，長尺櫟之。籈者其名。○籈音真。

大鼗謂之麻，小者謂之料。麻者音概而長也，料者聲清而不亂。○鼗，桃。料，聊。

和樂謂之節。

釋天第八

穹蒼，蒼天也。天形穹隆，其色蒼蒼，因名云。

春爲蒼天。萬物蒼蒼然生。

夏爲昊天。言氣晧旰。

秋爲旻天。旻猶愍也，愍萬物彫落。

冬爲上天。言時無事，在上臨下而已。

四時

春爲青陽。氣清而溫陽。

夏爲朱明。氣赤而光明。

秋爲白藏。氣白而收藏。

冬爲玄英。氣黑而清英。

四時和謂之玉燭。道光照。

春爲發生，夏爲長嬴，秋爲收成，冬爲安寧。此亦四時之別號，尸子皆以爲太平祥風。

四時和爲通正。通平暢也。

謂之景風。

所以致景風

甘雨時降萬物以嘉。

莫不善之。

謂之醴泉。

所以出醴泉

祥

穀不熟爲饑。

五穀不成。

蔬不熟爲饉。

凡草菜可食者通名爲蔬。

果不熟爲荒。

果木子。

仍饑爲荐。

連歲不熟左傳曰今又荐饑○荐音賤

災

太歲在甲曰閼逢。在乙曰旃蒙。在丙曰柔兆。在丁曰强圉。在戊曰著雍。在己曰屠維。在庚曰上章。在辛曰重光。在壬曰玄黓。在癸曰昭陽。

○閼烏割切著直略切重直龍切黓音亦

歲陽

太歲在寅曰攝提格。在卯曰單閼。在辰曰執徐。在巳曰大荒落。在午曰敦牂。在未曰協洽。在申曰涒灘。在酉曰作噩。在戌曰閹茂。在亥曰大淵獻。在子曰困敦。在丑曰赤奮若。

○牂音藏洽夾涒湯昆反噩五各切閹音奄敦頓

載歲也。夏曰歲。

取歲星行一次。

商曰祀。

取四時一終。

周曰年。

取禾一熟。

唐虞曰載。

取物終更始。

歲名

月在甲曰畢。在乙曰橘。在丙曰修。在丁曰圉。在戊曰厲。在己曰則。在庚曰窒。在辛曰塞。在壬曰終。在癸曰極。

○窒知乙切塞先北切

月陽

正月爲陬。離騷云攝提貞於孟陬。

二月爲如。三月爲寎。四月爲余。五月爲皋。六月爲且。

七月爲相。八月爲壯。九月爲玄。國語云至於玄月是也。○寎孚柄切，且子余切，相息亮反

十月爲陽。純陰用事，嫌於無陽，故以名云。

十一月爲辜。十二月爲涂。皆月之別名。自歲陽至此，其事義皆所未詳通者，故闕而不論。○涂音徒

月名

南風謂之凱風。詩曰凱風自南。

東風謂之谷風。詩云習習谷風。

北風謂之涼風。詩云北風其涼。

西風謂之泰風。詩曰泰風有隧。

焚輪謂之頹。暴風從上下。○頹徒回切

扶搖謂之猋。暴風從下上。○猋必遙切

風與火爲庉。庉庉熾盛之貌。○庉徒衮切

迴風爲飄。旋風也。○飄音瓢

日出而風爲暴。詩云終風且暴。

風而雨土爲霾。詩曰終風且霾。○雨音預

陰而風爲曀。詩曰終風且曀。○曀於計切

天氣下地不應曰雺。言蒙昧。○應音膺

地氣發天不應曰霧。霧謂之晦。言晦冥。

螮蝀謂之雩。螮蝀虹也。俗名爲美人虹，江東呼雩。○螮音帝，蝀丁孔切，雩于句切

蜺爲挈貳。蜺雌虹也。見離騷。挈貳其別名，見尸子。○挈若結

弇日爲蔽雲。即暈氣五彩覆日也。○弇掩。

疾雷爲霆霓。雷之急擊者謂霹靂。○霆廷霓宜。

雨霓爲霄雪。詩曰：如彼雨雪，先集維霓。霓，冰雪雜下者，謂之霄雪。○霓醉見切。

暴雨謂之涷。今江東呼夏月暴雨爲涷雨。離騷云：令飄風兮先驅，使涷雨兮灑塵。是也。○涷音東西之東。

小雨謂之霢霂。詩曰：益之以霢霂。○霢墨霂木。

久雨謂之淫。左傳曰：天作淫雨。

淫謂之霖。雨自三日已上爲霖。

濟謂之霽。今南陽人呼雨止爲霽。○濟音薺霽徂計切。

風雨

壽星角亢也。數起角亢，列宿之長，故曰壽。○亢音剛。

天根氐也。角亢下繫於氐，若木之有根。○氐音低。

天駟房也。龍爲天馬，故房四星謂之天駟。

大辰房心尾也。龍星明者以爲時候，故曰大辰。

大火謂之大辰。大火，心也，在中最明，故時候主焉。

析木謂之津。即漢津也。○析音昔。

箕斗之閒漢津也。箕，龍尾。斗，南斗。天漢之津梁。

星紀斗牽牛也。牽牛斗者，日月五星之所終始，故謂之星紀。

玄枵虛也。虛在正北，北方黑色。枵之言耗，耗亦虛意。○枵許嬌切虛音墟下同。

顓頊之虛虛也。顓頊水德，位在北方。○顓專頊旭。

北陸虛也。虛星之名凡四。

營室謂之定。

定正也作宮室皆以營室之中爲正○定多佞反

娵觜之口營室東壁也。

營室東壁星四方似口因名云○娵子余切觜咨

降婁奎婁也。

奎爲溝瀆故名降○降戶江反

大梁昴也。西陸昴也。

昴西方之宿別名旄頭

濁謂之畢。

掩兔之畢或呼爲濁因星形以名

咮謂之柳。

咮朱鳥之口○咮豬究切

柳鶉火也。

鶉鳥名火屬南方

北極謂之北辰。

北極天之中以正四時

何鼓謂之牽牛。

今荆楚人呼牽牛星爲檐鼓檐者荷也○荷胡可反

明星謂之启明。

太白星也晨見東方爲启明昏見西方爲太白○启音啓

彗星爲欃槍。

亦謂之孛言其形孛孛似掃彗○欃初銜切槍初庚切

奔星爲彴約。

流星○彴蒲握切約音藥

星名

春祭曰祠。

祠之言食

夏祭曰礿。

新菜可汋

秋祭曰嘗。

嘗新穀

冬祭曰蒸。

進品物也

祭天曰燔柴。

既祭積薪燒之○燔音煩

祭地曰瘞薶。

既祭埋藏之

祭山曰庪縣。

或庪或縣置之於山山海經曰縣以吉玉是也○庪居委反縣玄

祭川曰浮沉。

投祭水中或浮或沈

祭星曰布。

布散祭於地。

祭風曰磔。

今俗當大道中磔狗，云以止風，此其象。○磔音責。

是禷是禡，師祭也。

師出征伐，類于上帝，禡於所征之地。○禷，類；禡，罵。

既伯既禱，馬祭也。

伯，祭馬祖也。將用馬力，必先祭其先。

禘，大祭也。

五年一大祭。○禘，大計。

繹，又祭也。

祭之明日，尋繹復祭。

周曰繹。

春秋經曰：壬午猶繹。

商曰肜。

書曰：高宗肜日。

夏曰復胙。

未見義所出。○胙音祚。

祭名

春獵為蒐。

搜索取不任者。○蒐音搜。

夏獵為苗。

為苗稼除害。

秋獵為獮。

順殺氣也。○獮，息淺切。

冬獵為狩。

得獸取之無所擇。○狩，羊又反。

宵田為獠。

管子曰：獠獵畢弋。今江東亦呼獵為獠。或曰即今夜獵載鑪照也。○獠音遼。

火田為狩。

放火燒草，獵亦為狩。

乃立冢土，戎醜攸行。

冢土，大社；戎醜，大衆。

起大事，動大衆，必先有事乎社而後出，謂之宜。

有事，祭也。周官所謂宜乎社。

振旅闐闐。

振旅，整衆。闐闐，羣行聲。○闐音田。

出為治兵，尚威武也。

幼賤在前，貴勇力。

入為振旅，反尊卑也。

尊老在前復當儀也

講武

素錦綢杠。以白地錦韜旗之竿○杠爲江

纁帛縿。纁帛絳也縿衆旒所著○纁音勳縿音衫

素陞龍于縿。畫白龍於縿令上向

練旒九。練絳練也

飾以組。用綦組飾旒之邊

維以縷。用朱縷維連持之不欲令曳地周禮曰六人維王之太常是也

緇廣充幅長尋曰旐。帛全幅長八尺○廣上曠長直亮

繼旐曰旆。帛續旐末爲燕尾者義見詩○旐音兆

注旄首曰旌。載旄於竿頭如今之幢亦有旒

有鈴曰旂。縣鈴於竿頭畫蛟龍於旒

錯革鳥曰旟。此謂合剝鳥皮毛置之竿頭即禮記云載鴻及鳴鳶○旟音餘

因章曰旃。以帛練爲旒因其文章不復畫之周禮云通帛爲旃

旌旂

爾雅卷五

爾雅卷六

晉著作郎弘農太守聞喜郭　璞註
明　後　學　東吳葛　鼒訂

釋地第九

兩河間曰冀州。自東河至西河。

河南曰豫州。自南河至漢。

河西曰雝州。自西河至黑水。○雝於用反

漢南曰荆州。自漢南至衡山之陽。

江南曰揚州。自江南至海。

濟河間曰兖州。自河東至濟。

濟東曰徐州。自濟東至海。○濟子禮切

燕曰幽州。自易水至北狄。

齊曰營州。自岱東至海。此蓋殷制。

九州

魯有大野。今高平鉅野縣東北大澤是也。

晉有大陸。今鉅鹿北廣河澤是也。

秦有楊陓。今在扶風汧縣西。○陓於于反

宋有孟諸。今在梁國睢陽縣東北。

楚有雲夢。今南郡華容縣東南巴丘湖是也。

吳越之間有具區。今吳縣南太湖即震澤是也。

齊有海隅。海濱廣斥。

燕有昭余祁。今太原鄔陵縣北九澤是也。

鄭有圃田。

今滎陽中牟縣西圃田澤是也。

周有焦穫。

今扶風池陽縣瓠中是也。

十藪

東陵阠，南陵息慎，西陵威夷，中陵朱滕，北陵西隃雁門是也。

即雁門山也。○阠音信

陵莫大於加陵。

今所在未聞。

梁莫大於湨梁。

湨，水名。梁，隄也。○湨，古壁切

墳莫大於河墳。

墳，大防。

八陵

東方之美者，有醫無閭之珣玗琪焉。

醫無閭，山名，今在遼東。珣玗琪，玉屬。○珣，筍；玗，于

東南之美者，有會稽之竹箭焉。

會稽，山名，今在山陰縣南。竹箭，篠也。○會，古外；稽，古兮反

南方之美者，有梁山之犀象焉。

犀牛皮角，象牙骨。

西南之美者，有華山之金石焉。

黃金礌石之屬。

西方之美者，有霍山之多珠玉焉。

霍山，今在平陽永安縣東北。珠，如今雜珠而精好。

西北之美者，有崑崙虛之璆琳琅玕焉。

璆琳，美玉名。琅玕，狀如珠也。山海經曰：崑崙山有琅玕樹。○崙，路昆切；虛音墟

北方之美者，有幽都之筋角焉。

幽都，山名，謂多野牛筋角。

東北之美者，有斥山之文皮焉。

虎豹之屬，皮有縟綵者。○斥音尺

中有岱岳，與其五穀魚鹽生焉。

言泰山有魚鹽之饒。

九府

東方有比目魚焉，不比不行，其名謂之鰈。

狀似牛脾，鱗細，紫黑色，一眼，兩片相合乃得行。今水中所在有之，江東又呼為王餘魚。○鰈音蝶

南方有比翼鳥焉，不比不飛，其名謂之鶼鶼。

似鳧，青赤色，一目一翼，相得乃飛。

西方有比肩獸焉，與邛邛岠虛比，為邛邛岠虛齧甘草。即有難，邛邛岠虛負而走，其名謂之蹷。

呂氏春秋曰：北方有獸，其名為蹷，鼠前而兔後，趨則頓，走則顛。然則邛邛岠虛亦宜鼠後而兔前。

高不得取甘草，故須蟨食之。今鴈門廣武縣夏屋山中有獸，形如兔而大，相負共行，土俗名之爲蟨鼠。○邛巨凶，岠巨，齧五結，難乃旦，蟨厥。

北方有比肩民焉，迭食而迭望。

此即半體之人，各有一目、一鼻、一孔、一臂、一脚，亦猶魚鳥之相合，更望備驚急。○迭徒結反。

中有枳首蛇焉。

岐頭蛇也。或曰今江東呼兩頭蛇爲越王約髮，亦名弩弦。○枳居是切。

此四方中國之異氣也。

五方

邑外謂之郊，郊外謂之牧，牧外謂之野，野外謂之林，林外謂之坰。

邑，國都也。假令百里之國，五十里之界，界各十里也。○坰古營切。

下溼曰隰，大野曰平，廣平曰原，高平曰陸，大陸曰阜，大阜曰陵，大陵曰阿。可食者曰原。

可種穀給食。

陂者曰阪。

陂陀不平。

下者曰溼。

公羊傳曰：下平曰隰。

田一歲曰菑。

今江東呼初耕地反草爲菑。

二歲曰新田。

詩曰：于彼新田。

三歲曰畬。

易曰：不菑畬。○畬音于。

野

東至於泰遠，西至於邠國，南至於濮鈆，北至於祝栗，謂之四極。

皆四方極遠之國。○邠音彬，濮音卜。

觚竹、北戶、西王母、日下，謂之四荒。

觚竹在北，北戶在南，西王母在西，日下在東，皆四方昏荒之國，次四極者。○觚音孤。

九夷、八狄、七戎、六蠻，謂之四海。

九夷在東，八狄在北，七戎在西，六蠻在南，次四荒者。

岠齊州以南戴日爲丹穴。

岠，去也。齊，中也。

北戴斗極爲空桐。

戴，值。

東至日所出爲太平，西至日所入爲大蒙。

即蒙汜也。

太平之人仁，丹穴之人智，大蒙之人信，空桐之人武。

地氣使之然也。

四極

釋丘第十

丘一成爲敦丘。 成猶重也。周禮曰爲壇三成。今江東呼地高堆者爲敦。○敦都昆

再成爲陶丘。 今濟陰定陶城中有陶丘。

再成銳上爲融丘。 纖頂者。○銳音惠。

三成爲崑崙丘。 崑崙山三重，故以名云。

如椉者椉丘。 形似車椉也。或云椉者謂稻田塍埒。○椉繩正切

如陼者陼丘。 水中小洲爲陼。○陼音渚

水潦所止泥丘。 頂上汙下者。○潦音老

方丘胡丘。 形四方。

絶高爲之京。 人力所作。

非人爲之丘。 地自然生。

水潦所還埒丘。 謂丘邊有界埒，水繞環之。

上正章丘。 頂平。

澤中有丘都丘。 在池澤中。

當途梧丘。 途，道。

途出其右而還之畫丘。 言爲道所規畫。○還音旋

途出其前戴丘。 道出丘南。

途出其後昌丘。 道出丘北。

水出其前渻丘。水出其後沮丘。水出其右正丘。水出其左營丘。 今齊之營丘，淄水過其南及東。○渻所景、沮辭輿

如覆敦者敦丘。

敦，盂也。○敦音堆。

邐迤沙丘。旁行連延。○邐，呂紙切。迤，余紙切。

左高咸丘，右高臨丘，前高旄丘。詩云：旄丘之葛兮。

後高陵丘。

偏高阿丘。詩云：陟彼阿丘。

宛中宛丘。宛謂中央隆高。

丘背有丘爲負丘。此解宛丘中央隆峻，狀如負一丘於背上。

左澤定丘。定，丁佞切。

右陵泰丘。宋有泰丘社，亡見史記。

如畝畝丘。丘有隴界如田畝。

如陵陵丘。陵，大阜也。

丘上有丘爲宛丘。嫌人不了，故重曉之。

陳有宛丘。今在陳郡陳縣。

晉有潛丘。今在太原晉陽縣。

淮南有州黎丘。今在壽春縣。

天下有名丘五，其三在河南，其二在河北。說者多以州黎、宛、營爲河南，潛、敦爲河北者。案此方稱天下之名丘，恐此諸丘碌碌，未足用當之，殆自別更有魁梧桀大者五，但未詳其名號今所在耳。

丘

望厓洒而高岸。厓，水邊。洒謂深也。視厓峻而水深者曰岸。○厓，牙。洒，先典切。

夷上洒下不漘。厓上平坦而下水深者爲漘。不，發聲。○漘音脣。

隩，隈。

厓內爲隩，外爲隈。今江東呼爲浦隩。淮南子曰：漁者不爭隈。○隩，奧。隈，鳥回切。別厓表裏之名。

畢堂牆。今終南山道名畢。其邊若堂室之牆。

重厓岸。兩崖累者爲岸。○重直龍反。

岸上滸。岸上地。滸音虎。○

墳大防。謂

隄。

涘爲厓。謂水邊。涘音士。○

窮瀆汜。水無所通者。○汜音似。

谷者溦。通於谷。溦音眉。○

厓岸此已上釋厓岸之名也。故題厓岸。

爾雅卷六

爾雅卷七

晉著作郎弘農太守聞喜郭　璞註

明　後　學　東吳金　蟠訂

釋山第十一

河南華。華陰山。

河西嶽。吳嶽。

河東岱。岱宗泰山。

河北恒。北嶽恒山。

河南衡。衡山南嶽。

山三襲陟。襲亦重。

再成英。兩山相重。

一成坯。書曰至于大坯。○坯備悲切。

山大而高崧。今中嶽嵩高山蓋依此名。○崧音嵩。

山小而高岑。言岑崟。

銳而高嶠。言鐵峻。○嶠音喬。

卑而大扈。扈廣也。

小而衆巋。小山叢羅。○巋邱鬼切。

小山岌大山峘。岌謂高過。○岌魚泣切。峘音桓。

屬者嶧。言駱驛相連屬。○屬燭嶧亦。

獨者蜀。蜀亦孤獨。

上正章。山上平。

宛中隆。山中央高。

山脊。岡。謂山長脊。

未及上。翠微。近上旁陂。

山頂。冢。山巔。

崒者。厜㕒。謂峯頭巉巖。○崒，子恤反；厜，子規切；㕒，音危。

山如堂者。密。形如堂室者。尸子曰：松柏之鼠，不知堂密之有美樅。

如防者。盛。防，隄。○盛，音成。

巒。山嶞。謂山形長狹者，荆州謂之巒。詩曰：嶞山喬嶽。○嶞，湯果切。

重甗。隒。謂山形如累兩甗。甗，甑也。山形狀似之，因以名云。○重，平聲；甗，言蹇反；隒，音儼。

左右有岸。厒。夾山有岸。○厒，口閤切。

大山宮。小山。霍。宮謂圍繞之。禮記曰：君爲廬宮之是也。

小山。別。大山。鮮。不相連。○別，彼列切；鮮，息淺切。

山絕。陘。連山中斷絕。○陘，音形。

多小石。磝。多礓礫。○磝，音敲。

多大石。礐。多盤石。○礐，音殼。

多草木。岵。無草木。峐。皆見詩。○岵，戶；峐，屺。

山上有水。埒。有停泉。○埒，音劣。

夏有水。冬無水。澩。有停潦。○澩，音學。

山豄無所通。谿。所謂窮豄者。豄無所通，與水注川同名。○豄，音瀆。

石戴土。謂之崔嵬。石山上有土者。○崔，徂回切；嵬，五回反。

土戴石。爲砠。土山上有石者。○砠，七余反。

山夾水澗陵夾水澞
别山陵間有水者之名○澞音虞
山有穴爲岫
謂巖穴
山西曰夕陽
暮乃見日
山東曰朝陽
旦即見日
泰山爲東嶽華山爲西嶽霍山爲南嶽
即天柱山潛水所出也
恒山爲北嶽
常山
嵩高爲中嶽
大室山也
梁山晉望也
晉國所望祭者今在馮翊夏陽縣西北臨河上

釋水第十二

泉一見一否爲瀸
瀸纔有貌○見現否卑美反瀸纖
井一有水一無水爲瀱汋
山海經云天井夏有水冬無水即此類也○瀱計汋仕捉切
濫泉正出正出涌出也
公羊傳曰直出直猶正也
沃泉縣出縣出下出也
從上溜下○縣音玄
氿泉穴出穴出仄出也
從旁出也○氿軌仄側
湀闢流川
通流○湀音揆
過辨回川
旋流○過古禾切辨片
灉反入
即河水決出而復入者河之有灉猶江之有氾○灉於用切
潬沙出
今河中呼水中沙堆爲潬○潬音但
汧出不流
水泉潛出便自停成汙池○汧音牽
歸異出同流肥
毛詩傳曰所出同所歸異爲肥
瀵大出尾下

今河東汾陰縣有水口如車輪許濆沸涌出其深無限名之曰瀵馮翊郃陽縣復有瀵亦如之相去數里而夾河河中陼上又有一瀵瀵原皆潛相通在汾陰者人壅其流以爲陂種稻呼其本出處爲瀵魁此是也尾猶底也○瀵音糞

水醮曰厬。
謂水醮盡○厬音軌

水自河出爲灉。
書曰灉沮會同

濟爲濋，汶爲瀾，洛爲波，漢爲潛。
書曰沱潛既道○濋楚汶問瀾闌沱陀

淮爲滸，江爲沱。
書曰岷山導江東別爲沱

過爲洵，潁爲沙，汝爲濆。
詩曰遵彼汝濆皆大水溢出別爲小水之名○過烏禾反潁餘頃反濆墳

水決之澤爲汧。
水決入澤中者亦名爲汧

決復入爲汜。
水出去復還

河水清且瀾漪，大波爲瀾。
言渙瀾○瀾闌漪衣

小波爲淪。
言蘊淪

直波爲徑。
言徑涏

江有沱，河有灉，汝有濆。
此故上水別出耳所作者重見

滸，水厓。
水邊地

水草交爲湄。
詩曰居河之湄○湄音眉

濟有深涉。
謂濟渡之處○濟子細切

深則厲，淺則揭。揭者揭衣也。
謂褰裳也○揭上二字音憩下丘竭切

以衣涉水爲厲。
衣謂褌

繇膝以下爲揭，繇膝以上爲涉，繇帶以上爲厲。
繇自也○繇音由上時掌反

潛行爲泳。
水底行也晏子春秋曰潛行逆流百步順流七里

汎汎楊舟，紼縭維之。紼，䋏也。

七〇

繂索○綍弗諸離繂律

縭緌也。

緌繫○緌如誰切。

天子造舟。

比船爲橋○造七到切

諸侯維舟。

維連四船。

大夫方舟。

併兩船。

士特舟。

單船。

庶人乘泭。

併木以渡○泭音桴。

水注川曰谿。注谿曰谷。注谷曰溝。注溝曰澮。注澮曰瀆。

此皆道水轉相灌注所入之處名○澮古外切

逆流而上曰泝洄。順流而下曰泝游。

皆見詩○泝音素

正絕流曰亂。

直橫流也。書曰亂于河。

江河淮濟爲四瀆。四瀆者發源注海者也。

水泉

題上事也下皆倣此

水中可居者曰洲。小洲曰陼。小陼曰沚。小沚曰坻。人所爲爲潏。

人力所作○陼渚坻池潏述

水中

河出崑崙虛。色白。

山海經曰河出崑崙西北隅。虛山下基也。

所渠并千七百一川。色黃。

潛流地中。汩漱沙壤。所受渠多。衆水溷淆。宜其濁黃。

百里一小曲。千里一曲一直。

公羊傳曰河曲流河千里一曲一直。

河曲

徒駭。

今在成平縣。義所未聞○駭諧楷切

太史。

今所在未詳。

馬頰。

河勢上廣下狹。狀如馬頰。

覆鬴。

胡蘇。水中可居住，而有狀如覆釜。○覆，扶服切；鬴，父。

東莞縣今有胡蘇亭，其義未詳。

簡。水道簡易。

絜。水多約絜。

鉤盤。水曲如鉤，流盤桓也。

鬲津。水多阨狹，可隔以爲津而横渡。○鬲，音膈。

九河

從釋地已下至九河，皆禹所名也。

爾雅卷七

爾雅卷八

晉著作郎弘農太守聞喜郭　璞註

明後學　東吳葛　鼒訂

釋草第十三

藿山韭。茖山葱。葝山䪥。蒚山蒜。

今山中多有此菜皆如人家所種者茖葱細莖大葉○藿音育韭音九茖音革葱音忩葝巨盈切䪥音薤蒚力

薜山蘄。

廣雅曰山蘄當歸當歸今似蘄而粗大○薜音百蘄芹

椴木槿。櫬水槿。

別二名也似李樹華朝生夕隕可食或呼日及亦曰王蒸○椴音段槿謹櫬襯

朮山薊。

本草云朮一名山薊今朮似薊而生山中○薊音計

楊枹薊。

似薊而肥大今呼之馬薊○枹音孚

葥王蔧。

王帚也似藜其樹可以為埽蔧江東呼之曰落帚○葥音箭蔧音遂

菉王芻。

菉蓐也今呼鴟腳莎○菉音綠

拜蔏藋。

蔏藋亦似藜○蔏音商藋徒的切

蘩皤蒿。

白蒿

蒿菣。

今人呼青蒿香中炙啖者為菣○菣去刃切

蔚牡菣。

無子者○蔚音尉

齧彫蓬。薦黍蓬。

別蓬種類

䕯鼠莞。

亦莞屬也纖細似龍須可以為席蜀中出好者○䕯方寐切莞音官

葝鼠尾。

可以染皂

菥蓂大薺。

薺葉細俗呼之曰老薺○菥音惜蓂音覓

蒤虎杖。

似紅草而麤大有細刺可以染赤○蒤音途

孟狼尾。

似茅今人亦以覆屋

瓠棲瓣。

瓠中瓣也。詩云：齒如瓠棲。○瓠戶故切，瓣方莧切。

茹藘，茅蒐。今之蒨也，可以染絳。○茹音如，藘力居切。

果臝之實，栝樓。今齊人呼之為天瓜。○臝力果切。

荼，苦菜。詩曰：誰謂荼苦。苦菜可食。

萑，蓷。今茺蔚也。葉似荏，方莖，白華，華生節間。又名益母。廣雅云。○萑音隹，蓷他回切。

虉，綬。小草有雜色，似綬。○虉音逆。

粢，稷。今江東人呼粟為粢。

衆，秫。謂黏粟也。○衆音終，秫音述。

戎叔謂之荏菽。即胡豆也。○菽音叔。

卉，草。百草總名。

䓘，雀弁。未詳。○䓘悅轉切。

蘥，雀麥。即燕麥也。○蘥音藥。

蘾，烏蕵。𦿕，菟荄。蘩，菟蒵。皆未詳。○蘾戶怪切，蕵音孫，𦿕音練，菟音兔，荄音垓，蒵音兮。

蔩，菟瓜。菟瓜似土瓜。○蔩音演。

茢薽，豕首。本草曰：彘顱，一名蟾蜍蘭。今江東呼豨首，可以燭蠶蛹。○茢音列，薽音真，豕傷氏切。

荓，馬帚。似蓍，可以為掃彗。○荓音幷。

䕘，懷羊。未詳。○䕘胡罪切。

茭，牛蘄。今馬蘄，葉細銳，似芹，亦可食。

葖，蘆萉。萉宜為菔。蘆菔，蕪菁屬，紫花大根，俗呼雹葖。○葖他忽切，蘆音羅，萉蒲北切。

蒖，灌。苬，芝。未詳。○蒖音勳。

芝一歲三華瑞草○苬音囚

筍竹萌 初生者

簜竹 竹別名儀禮曰簜在建鼓之間謂簫管之屬○簜音蕩

莪蘿 今莪蒿也亦曰蘪蒿

苨菧苨 薺苨○苨音禰菧音底

經履 未詳○經待節切

莕接余其葉苻 叢生水中葉圓在莖端長短隨水深淺江東食之亦呼莕○莕音荇

白華野菅 菅茅屬詩曰白華菅兮○菅音姦

薜白蘄 即上山蘄

菲芴 即土瓜也○菲音匪芴音物

葍蕾 大葉白華根如指正白可啖○葍音福蕾音富

熒委萎 藥草也葉似竹大者如箭竿有節葉狹而長表白裏青根大如指長一二尺可啖○萎音威

葋艼熒 未詳○葋音劬艼他丁切熒音迥

竹萹蓄 似小藜赤莖節好生道傍可食又殺蟲○萹匹善切

葴寒漿 今酸漿草江東呼曰苦葴○葴音針

薢茩芵茪 芵明也葉黃銳赤華實如山茱萸或曰陵也關西謂之薢茩○薢音皆茩音狗芵音決茪音光

莁荑蔱蘠 一名白蕢○莁音巫荑音夷蔱音殺蘠音牆

瓞瓝其紹瓞 俗呼瓝瓜為瓞紹者瓜蔓緒亦著子但小如瓝○瓞大結切瓝步角切

芍鳧茈 生下田苗似龍須而細根如指頭黑色可食○芍戶了切

蘱薡董 似蒲而細○蘱音類薡音鼎董音董

蕛苵

蕛似稗，布地生穢草。○蕛音帝，苵大結切。

鉤，芺。大如拇指，中空，莖頭有臺，似薊，初生可食。

䪥，鴻薈。即䪥菜也。○薈音會。

蘇，桂荏。蘇，荏類，故名桂荏。

薔，虞蓼。虞蓼，澤蓼。○蓼音了。

蓧，蓨。未詳。○蓧他凋切，蓨音惕。

虋，赤苗。今之赤粱粟。○虋音門。

芑，白苗。今之白粱粟，皆好穀。○芑音起。

秬，黑黍。詩曰：維秬維秠。

秠，一稃二米。此亦黑黍，但中米異耳。漢和帝時，任城生黑黍，或三四實，實二米，得黍三斛八斗是。○秠孚鄙切，稃音敷。

稌，稻。今沛國呼稌。○稌音杜。

葍，藑茅。葍華有赤者為藑。藑、葍一種耳，亦猶蔆、苕華黃白異名。○藑音瓊。

臺，夫須。鄭箋詩云：臺可以為禦雨笠。○夫音扶。

藆，藅。未詳。○藆音蹇，藅音伐。

莔，貝母。根如小貝，圓而白華，葉似韭。○莔音萌。

荍，蚍衃。今荊葵也。似葵，紫色。謝氏云：小草，多華少葉，葉又翹起。○荍音翹，蚍音毗，衃音浮。

艾，冰臺。今艾蒿。

蕇，亭歷。實、葉皆似芥，一名狗薺。廣雅云。○蕇音典。

苻，鬼目。今江東有鬼目草，莖似葛，葉圓而毛，子如耳璫也，赤色叢生。

薜，庾草。未詳。

蔜蕿蔞 今蘩蔞也或曰雞腸草○蔜五高切蕿音嫪蔞音縷

離南活莌 草生江南高丈許大葉莖中有瓤正白零陵人祖日貫之爲樹○莌音奪

蘢天蘥須葑蓯 未詳○蘢音聾葑方孔切蓯音總

蒡隱荵 似蘇有毛今江東呼爲隱荵藏以爲菹亦可瀹食也○蒡音旁

茜蔓于 多生水中一名軒于江東呼茜○茜音猶

蓾蘆 作履苴草○蓾音魯蘆才古切

柱夫搖車 蔓生細葉紫華可食今俗呼曰翹搖車○柱音主夫音扶

出隧蘧蔬 蘧蔬似土菌生菰草中今江東啖之甜滑音同氍毹○隧音遂蘧巨俱切蔬山俱切

蘄茝蘼蕪 香草葉小如萎狀淮南子云似蛇牀山海經曰臭如蘼蕪○茝昌改切

茨蒺藜 布地蔓生細葉子有三角刺人見詩

蘮蒘竊衣 似芹可食子大如麥兩兩相合有毛著人衣○蘮音計蒘音如

髦顛蕀 細葉有刺蔓生一名商蕀廣雅云女木也○髦音毛蕀音棘

雚芄蘭 雚芄蔓生斷之有白汁可啖○雚音貫

蕁莐藩 生山上葉如韭一曰蝭母○蕁徒南切莐音沉

蕍蕮 今澤蕮○蕍音俞蕮音昔

蔨鹿蘿其實莥 今鹿豆也葉似大豆根黃而香蔓延生○蔨巨員切蘿音霍莥女九切

薃侯莎其實媞 夏小正曰薃也者莎薃媞者其實○薃音浩媞音提

莞苻蘺其上蒚 今西方人呼蒲爲莞蒲蒚謂其頭臺首也今江東謂之苻蘺西方亦名蒲中莖爲蒚用之爲席○蒚音翮

荷芙渠 別名芙蓉江東呼荷

其莖茄其葉蕸其本蔤

莖下白蒻在泥中者。

其華菡萏。

見詩。

其實蓮。

蓮謂房也。

其根藕。其中的。

蓮中子也。

的中薏。

中心苦。

紅蘢古。其大者蘬。

俗呼紅草爲蘢鼓語轉耳。○蘬邱軌切。

蒫，薺實。

薺子味甘。○蒫才何切。

黂，枲實。

禮記曰苴麻之有黂。○黂扶刃切。

枲，麻。

別二名。

須，蕵蕪。

蕵蕪似羊蹄葉細味酢可食。

菲，蒠菜。

菲草生下溼地似蕪菁華紫赤色可食。○菲音匪蒠音息。

蕢，赤莧。

赤莧一名蕢。今莧菜之赤莖者。○蕢巨貴切。

蘠蘼，虋冬。

門冬一名滿冬。本草云。○蘼音美。

蔒，苻止。

未詳。○蔒音偏。

濼，貫衆。

葉圓銳莖毛黑布地冬不死一名貫渠。廣雅云貫節。○濼音爍衆音終。

莙，牛藻。

似藻葉大。江東呼爲馬藻。○莙其隕切藻音早。

蓫薚，馬尾。

廣雅曰馬尾蔏陸。本草云別名薚。今關西亦呼爲薚江東爲當陸。○蓫他六反薚他羊反。

萍，蓱。

水中浮萍江東謂之薸。○萍音平蓱音缾薸音瓢。

其大者蘋。

詩曰于以采蘋。

莃，菟葵。

頗似葵而小葉狀如藜有毛汋啖之滑。○莃音希。

芹，楚葵。

今水中芹菜。

藬，牛蘈。今江東呼草為牛蘈者，高尺餘許，方莖，葉長而銳，有穗，穗間有華，華紫縹色，可淋以為飲。○藬，吐回切；蘈音頹。

藚，牛脣。毛詩傳曰：水蕮也。如續斷，寸寸有節，拔之可復。○藚音續。

苹，藾蕭。今藾蒿也。初生亦可食。○藾音賴。

連，異翹。一名連苕，又名連草，本草云。

澤，烏蕵。卽上蕵也。

傅，橫目。一名結縷，俗謂之鼓箏草。

釐，蔓華。一名蒙華。

蔆，蕨攗。今水中芰。○蔆音陵；攗音眉。

大菊，蘧麥。一名麥句薑，卽瞿麥。

薜，牡蘔。未詳。○薜音百；蘔音贊。

葥，山莓。今之木莓也，實似藨莓而大，亦可食。○葥音箭；莓音每。

齧，苦堇。今堇葵也，葉似柳，子如米，汋食之滑。

藫，石衣。水苔也，一名石髮，江東食之。或曰藫葉似䪥而大，生水底，亦可食。○藫音潭。

蘜，治蘠。今之秋華菊。○蘜音菊。

唐、蒙，女蘿。女蘿，菟絲。別四名。詩云：爰采唐矣。

苗，蓨。未詳。○蓨，他凋切。

茥，蒛葐。覆葐也，實似莓而小，亦可食。○茥音圭；蒛音缺；葐音盆。

芨，堇草。卽烏頭也，江東呼為堇。○芨音急；堇音靳。

蘵，百足。未詳。○蘵音織。

菺戎葵。今蜀葵也。似葵，華如木槿華。○菺音肩

蘮狗毒。樊光云：俗語苦如蘮。○蘮音計

垂比葉。未詳。

蕧盜庚。旋蕧，似菊。○蕧音服

茡麻母。苴麻盛子者。○茡音字

匈九葉。今江東有草五葉共叢生一莖，俗因名為五葉，即此類也。

藐茈草。可以染紫，一名茈莫，廣雅云。○藐亡角切，茈于爾切

倚商活脫。即離南也。○脫音奪

蘵黃蒢。蘵草，葉似酸漿，華小而白，中心黃，江東以作葅食。○蘵音職，蒢音除

藒車芞輿。藒車，香草，見離騷。○藒音挈，芞音乞

權黃華。今謂牛芸草為黃華，華黃，葉似菽蓿。

葞春草。一名芒草，本草云。○葞音尾

蔠葵蘩露。承露也，大莖小葉，華紫黃色。○蔠音終

菋荎藸。五味也，蔓生，子叢在莖頭。○菋音未，荎直其切，藸音除

蒤委葉。詩云：以茠蒤蓼。○蒤音徒

皇守田。似燕麥，子如彫胡米，可食，生廢田中，一名守氣。

鉤藈姑。鉤瓠也，一名王瓜，實如瓝瓜，正赤，味苦。○藈音圭

望椉車。可以為索，長丈餘。○椉音繩

困衱袶。未詳。○衱音劫，袶音絳

欔烏階。即烏杷也，子連相著，狀如杷齒，可以染皁。○欔音钁

杜，土鹵。杜衡也，似葵而香。

盱，虺牀。蛇牀也。一名馬牀。廣雅云。○盱音吁。

蔝，蔜。未聞。○蔝音米，蔜五刀切。

赤，枹薊。即上枹薊。

菟奚，顆凍。款冬也。紫赤華，生水中。○凍音東。

中馗，菌。地蕈也。似蓋。今江東名爲土菌，亦曰馗廚，可啖之。○馗音逵，菌巨隕切。

小者菌。大小異名。

菆，小葉。未聞。○菆音甌。

苕，陵苕。一名陵時。本草云。○苕音調。

黃華，蔈；白華，茇。苕華色異，名亦不同。○蔈音標，茇音沛。

蘪，從水生。生於水中。○蘪音眉。

薇，垂水。生於水邊。

薜，山麻。似人家麻，生山中。

莽，數節。竹類也，節間促。○數音朔。

桃枝，四寸有節。今桃枝節間相去多四寸。

粼，堅中。竹類也，其中實。○粼音吝。

簢，筡中。言其中空，竹類。○簢音閔，筡音徒。

仲，無笐。亦竹類，未詳。○笐音杭。

䈞，箭萌。萌，筍屬也。周禮曰：䈞菹鴈醢。○䈞音待。

篠，箭。別二名。

抱霍首素華軌鬷 皆未詳○抱音包

芏夫王 芏草生海邊似莞蘭今南越人采以為席○芏音杜

綦月爾 即紫綦也似蕨可食○綦音其

葴馬藍 今大葉冬藍也○葴音針

姚莖涂薺 未詳

苄地黃 一名地髓江東呼苄○苄音戶

蒙玉女 蒙即唐也女蘿別名

拔龍葛 似葛蔓生有節江東呼為龍尾亦謂之虎葛細葉赤莖

藗牡茅 白茅屬○藗音速

菤耳苓耳 廣雅云枲耳也亦云胡枲江東呼為常枲或曰苓耳形似鼠耳叢生如盤○菤音捲

蕨虌 廣雅云紫綦非也初生無葉可食江西謂之虌○虌音鼈

蕎邛鉅 今藥草大戟也本草云

蘩由胡 未詳

莣杜榮 今莣草似茅皮可以為繩索履屩也○莣音亡

稂童粱 稂莠類也

藨麃 麃即莓也今江東呼為藨莓子似覆盆而大赤酢甜可啖○藨蒲苗切麃平表切

的薂 即蓮實○薂音亦

購蔏蔞 蔏蔞蔞蒿也生下田初出可啖江東用羹魚○購古豆切蔞力朱切

茢勃茢 一名石芸本草云○茢音列

葽繞蕀蒬 今遠志也似麻黃赤華葉銳而黃其上謂之小草廣雅云○葽烏了切蒬音冤

茦，刺。草刺針也。關西謂之刺，燕北朝鮮之間曰茦。見方言。○茦音冊。

蕭，萩。即蒿。○萩音秋。

薚，海藻。藥草也。一名海蘿，如亂髮，生海中。本草云。

長楚，銚芅。今羊桃也。或曰鬼桃。葉似桃，華白，子如小麥，亦似桃。○銚音姚，芅音亦。

蘦，大苦。今甘草也。蔓延生，葉似荷，青黃，莖赤有節，節有枝相當。或云蘦似地黃。

芣苢，馬舄。馬舄，車前。今車前草。大葉長穗，好生道邊，江東呼為蝦蟆衣。○芣音浮，苢音以。

綸似綸，組似組，東海有之。綸，今有秩嗇夫所帶糾青絲綸。組，綬也。海中草生彩理有象之者，因以名云。

帛似帛，布似布，華山有之。草葉有象布帛者，因以名云。生華山中。

苀，東蠡。未詳。

緜馬，羊齒。草細葉，葉羅生而毛，有似羊齒。今江東呼為鴈齒，繅者以取繭緒。

葀，蘪舌。今蘪舌草，春生，葉有似于舌。○葀古活切。

搴，柜朐。未聞。○搴居展切，柜音巨，朐音劬。

繁之醜，秋為蒿。醜，類也。春時各有種名，至秋老成，皆通呼為蒿。

芺，薊。其實荂。芺與薊莖頭皆有蓊臺，名荂。荂即其實也。○芺音襖，荂音吁。

蔈，荂，荼。即芀。○蔈方腰切。

猋，藨，芀。皆芀荼之別名，方俗異語，所未聞。○猋必遙切，藨方驕切，芀音調。

葦醜，芀。其類皆有芀秀。

葭華。即今蘆也。

蒹，薕。似萑而細，高數尺。江東呼為薕。○蒹音兼，薕音廉。

葭，蘆。葦也。

菼，薍。似葦而小，實中。江東呼爲烏蓲。○菼，他敢切。薍，五患切。蓲音邱。

其萌虇。今江東呼蘆筍爲虇，然則萑葦之類，其初生者皆名虇。虇音繾綣。

蕍、芛、葟、華，榮。釋言云：華，皇也。今俗呼草木華初生者爲芛，音豬豬。蕍猶敷蕍，亦華之貌。所未聞。○蕍音俞。芛，羊捶切。葟音皇。

卷施草，拔心不死。宿莽也。離騷云。

荺，茭。今江東呼藕紹緒如指，空中可啖者爲茇茭，即此類。○荺，于閔切。茭，胡巧切。

荄，根。別二名。俗呼韭根爲荄。

欔，橐含。未詳。

華，荂也。今江東呼華爲荂。○荂音敷。

華、荂，榮也。轉相解。

木謂之華，草謂之榮。不榮而實者謂之秀，榮而不實者謂之英。

爾雅卷八

爾雅卷九

晉著作郎弘農太守聞喜郭　璞註
明　後　學　東吳金　蟠訂

釋木第十四

槄，山榎。今之山楸。○槄音叨。榎音賈。

栲，山樗。栲似樗，色小白，生山中，因名云。亦類漆樹。○樗丑于切。

柏，椈。禮記曰：鬯以椈。○椈音菊。

髡，梱。未詳。○髡音坤。梱五門切。

椵，柂。白椵也。樹似白楊。○椵音叚。柂音夷。

梅，柟。似杏，實酢。○柟而占切。

柀，煔。煔似松，生江南，可以爲船及棺材，作柱埋之不腐。○柀音彼。煔音杉。

櫠，椵。柚屬也。子大如盂，皮厚二三寸，中似枳，食之少味。○櫠音廢。椵音賈。

杻，檍。似棣，細葉，葉新生可飼牛，材中車輞。關西呼杻子，一名土橿。○杻女九切。檍音億。

楙，木瓜。實如小瓜，酢可食。○楙音茂。

椋，卽來。今椋材中車輞。○椋音良。

栵，栭。樹似槲樕而庳小，子如細栗，可食。今江東亦呼爲栭栗。○栵音列。栭音而。

檴，落。可以爲杯器素。○檴音鑊。

柚，條。似橙，實酢，生江南。

時，英梅。雀梅。

楥，柜栁。未詳。或曰：栁當爲柳。柜柳似柳，皮可煑作飲。○栁音卬。

栩，杼。柞樹。○栩香羽切。杼省汝切。

味，荎著。釋草已有此名，疑誤重出。○荎直之切。著音儲。

櫙荎
今之刺榆○櫙音歐荎大結反

杜甘棠
今之杜梨

狄藏槔貢綦
皆未詳○槔音皋綦音其

朹繫梅
朹樹狀似梅子如指頭赤色似小柰可食○繫音計

朻者聊
未詳○朻音糾

魄榽橀
魄大木細葉似檀今河東多有之齊人諺曰上山斫檀榽橀先殫○榽今計切橀許兮切

梫木桂
今南人呼桂厚皮者爲木桂桂樹葉似枇杷而大白華華而不著子叢生巖嶺枝葉冬夏常青間無雜木○梫音寢

棆無疵
棆楩屬似豫章○棆音倫

椐樻
腫節可以爲杖○椐音袪樻起愧切

檉河柳
今河旁赤莖小楊

旄澤柳
生澤中者

楊蒲柳
可以爲箭左傳所謂董澤之蒲

權黄英輔小木
權輔皆未詳

杜赤棠白者棠
棠色異異其名

諸慮山櫐
今江東呼櫐爲藤似葛而麤大○櫐音壘

欇虎櫐
今虎豆纏蔓林樹而生莢有毛刺今江東呼爲欇欙○欇音涉

杞枸檵
今枸杞也○檵音計

杬魚毒
杬大木子似栗生南方皮厚汁赤中藏卵果

檓大椒
今椒樹叢生實大者名爲檓

楰鼠梓

楸屬也今江東有虎梓○楰音庾

楓欇欇。楓樹似白楊葉圓而岐有脂而香今之楓香是○欇音輒

寓木宛童。寄生樹一名蔦○寓魚具切

無姑其實夷。無姑姑榆也生山中葉圓而厚剝取皮合漬之其味辛香所謂蕪荑

櫟其實梂。有梂彚自裹○梂音求

檖蘿。今楊檖也實似梨而小酢可食○檖音遂

楔荊桃。今櫻桃○楔音戛

旄冬桃。子冬熟

榹桃山桃。實如桃而小不解核○榹音斯

休無實李。一名趙李

痤接慮李。今之麥李

駁赤李。子赤

棗壺棗。今江東呼棗大而銳上者為壺壺猶瓠也

邊要棗。子細腰今謂之鹿盧棗○要音腰

櫅白棗。即今棗子白乃熟

樲酸棗。樹小實酢孟子曰養其樲棘○樲音二

楊徹齊棗。未詳

遵羊棗。實小而圓紫黑色今俗呼之為羊矢棗孟子曰曾晳嗜羊棗

洗大棗。今河東猗氏縣出大棗子如雞卵○洗屑典切

煑填棗。未詳○填音田

蹶洩苦棗。

子味苦○洩音屑
晳無實棗
不著子者
還味稔棗
還味短味○還音旋稔稔
櫬梧
今梧桐
樸枹者
樸屬叢生者爲枹詩所謂棫樸枹樸○樸音卜
謂櫬采薪采薪即薪
指解今樵薪
棪櫏其
棪實似柰赤可食
劉劉杙
劉子生山中實如梨酢甜核堅出交趾
櫰槐大葉而黑
槐樹葉大色黑者名爲櫰○櫰苦回切
守宮槐葉晝聶宵炕
槐葉晝日聶合而夜炕布者名爲守宮槐○聶音輒炕呼郎切
槐小葉曰榎

槐當爲楸楸細葉者爲榎
大而皵楸
老乃皮粗皵者爲楸
小而皵榎
小而皮粗皵者爲榎左傳曰使擇美榎
椅梓
即楸○椅于寄切
桋赤棟白者棟
赤棟樹葉細而岐銳皮理錯戾好叢生山中中爲車輞白棟葉圓而岐爲大木○棟山厄切
終牛棘
即馬棘也其刺粗而長
灌木叢木
詩曰集于灌木
瘣木苻婁
謂木病尫傴癭腫無枝條○瘣胡罪切
蕡藹
樹實繁茂菴藹
枹遒木魁瘣
謂樹木叢生根枝節目盤結磈磊○遒徂由切
棫白桵

桵小木叢生有刺實如耳璫紫赤可啖○棫音域桵人隹切

梨山樆。即今梨樹○樆音離

桑辨有葚梔。辨半也○辨音片

女桑桋桑。今俗呼桑樹小而條長者爲女桑樹

榆白枌。枌榆先生葉卻著莢皮色白

唐棣栘。似白楊江東呼夫栘○栘音移

常棣棣。今關西有棣樹子如櫻桃可食

檟苦荼。小樹如梔子冬生葉可煑作羹飲今呼早采者爲荼晚取者爲茗一名荈蜀人名之苦荼

樕樸心。槲樕別名

榮桐木。即梧桐

棧木干木。橿木也江東呼木觡

檿桑山桑。似桑材中作弓及車轅

木自獘柛。獘踣○柛音伸

立死椔。不獘頓椔

獘者翳。樹蔭翳覆地者詩云其椔其翳○翳側吏切

木相磨㰍。樹枝相切磨

棤皵。謂木皮甲錯○棤音錯皵音舄

梢梢櫂。謂木無枝柯梢櫂長而殺者○梢音朔櫂音濯

樅松葉柏身。今大廟梁材用此木尸子所謂松柏之鼠不知堂密之有美樅○樅七容切

檜柏葉松身。詩曰檜楫松舟

句如羽喬。

樹枝曲卷似鳥毛羽。

下句曰朻。上句曰喬。如木楸曰喬。

楸樹性上竦。

如竹箭曰苞。

篠竹性叢生。

如松柏曰茂。

枝葉婆娑。

如槐曰茂。

言扶疏茂盛。

祝州木髦柔英。

皆未詳。

槐棘醜喬。

枝皆翹竦。

桑柳醜條。

阿那垂條。

椒榝醜莍。

茱萸子聚生成房貌。今江東亦呼莍榝。榝似茱萸而小，赤色。○榝音殺。

桃李醜核。

子中有核人。

瓜曰華之。桃曰膽之。棗李曰疐之。樝梨曰鑽之。

皆啖食治擇之名。樝似梨而酢澀。見禮記。○華，胡化切。疐音帝。鑽，子官切。

小枝上繚爲喬。

謂細枝皆翹繚上句者名爲喬木。○繚音了。

無枝爲檄。

檄擢直上。○檄音亦。

木族生爲灌。

族叢。

釋蟲第十五

螜天螻。

螻蛄也。夏小正曰：螜則鳴。○螜音斛。

蜚蠦蜰。

蜰即負盤，臭蟲。○蜚音費。蠦音盧。蜰音肥。

螾衝入耳。

蚰蜒。○螾音引。衝音演。

蜩蜋蜩。

夏小正傳曰：蜋蜩者，五彩具。○蜩音調。

螗蜩。

夏小正傳曰：螗蜩者，蝘。俗呼爲胡蟬，江南謂之螗蟧。○蟧音夷。

蚻蜻蜻。

如蟬而小。方言云：有文者謂之蠽。夏小正曰：鳴蚻虎懸。○蚻音札。

蠽茅蜩 江東呼爲茅截似蟬而小青色○蠽音節

蝒馬蜩 蜩中最大者爲馬蟬

蜺寒蜩 寒螿也似蟬而小青赤月令曰寒蟬鳴

蜓蚞螇螰 即蝭蟧也一名蟪蛄齊人呼螇螰○蜓音廷蚞音木

蛣蜣蜣蜋 黑甲蟲噉糞土○蛣起吉切蜣音羌

蝎蛣𧊵 木中蠹蟲○蝎音曷𧊵音屈

蠰齧桑 似天牛長角體有白點喜齧桑樹作孔入其中江東呼爲齧髮○蠰音餉

諸慮奚相 未詳

蜉蝣渠略 似蛣蜣身狹而長有角黄黑色叢生糞土中朝生暮死豬好啖之○蜉音浮蝣音遊

蛂蟥蛢 甲蟲也大如虎豆綠色今江東呼黄蛢○蛂步結切蟥音黄蛢音缾

蠸輿父守瓜 今瓜中黄甲小蟲喜食瓜葉故曰守瓜○蠸音權父音甫

蝚蛖螻 蛖螻螻蛄類○蝚音柔蛖武江切

不蜩王父 未詳

蛄䗐強蛘 今米穀中蠹小黑蟲是也建平人呼爲蛘子○䗐音施蛘亡婢切

不過蟷蠰 蟷蠰螗蜋別名○蟷丁郎切蠰音相

其子蜱蛸 一名蟳蟭蟷蠰卵也○蜱音毗蛸音消

蒺藜蝍蛆 似蝗而大腹長角能食蛇腦○蝍音即蛆子余切

蝝蝮蜪 蝗子未有翅者外傳曰蟲舍蚳蝝○蝝音緣蝮孚福切蜪音陶

蟋蟀蛬 今促織也亦名青蛚○蛬音拱

蟼蟆 蛙類○蟼音警

蛝，馬䗃。馬蠲，蚐，俗呼馬蠸。○蛝音閑。䗃音棧。

蛗螽，蠜。詩曰：趯趯蛗螽。○蛗音阜。螽音終。

草螽，負蠜。詩云：喓喓草蟲。謂常羊也。○蠜音凡。

蜤螽，蜙蝑。蜙蝑也。俗呼蝽蝑。○蜤音斯。蜙音嵩。蝑音胥。

蟿螽，螇蚸。今俗呼似蜙蝑而細長，飛翅作聲者為螇蚸。○蟿音契。蚸音歷。

土螽，蠰谿。似蝗而小。今謂之土螽。○蠰音壤。

螼蚓，蜸蠶。即螼蟺也。江東呼寒蚓。○螼羌引切。蜸苦顯切。蠶他典切。

莫貈，蟷蠰，蛑。蟷蠰有斧蟲。江東呼為石蠰。孫叔然以方言說此義，亦不了。○貈音鶴。蛑音謀。

虰蛵，負勞。或曰即蜻蛉也。江東呼狐梨。所未聞。○虰音丁。蛵音馨。

蜭，毛蠹。即載。○蜭戶感切。

蟔，蛅蟴。載屬也。今青州人呼載為蛅蟴。孫叔然云八角螫蟲，失之。○蟔音墨。蛅而占切。蟴音斯。

蟠，鼠負。瓮器底蟲。○蟠音煩。

蟫，白魚。衣書中蟲，一名蛃魚。○蟫音淫。

蛾，羅。蠶蛾。○蛾音娥。

螒，天雞。小蟲，黑身赤頭，一名莎雞，又曰樗雞。○螒音汗。

傅，負版。未詳。

強，蚚。即強醜捋。○蚚音祈。

蛶，螪何。未詳。○蛶音劣。螪音商。

螝，蛹。蠶蛹。○螝音龜。

蜆，縊女。小黑蟲，赤頭，喜自經死，故曰縊女。○蜆音演。

蚍蜉，大螘。俗呼為馬蚍蜉。

小者螘。齊人呼螘為蛘。○螘，魚綺切。

蠪，朾螘。赤駁蚍蜉。○蠪，音聾。朾，唐耕切。

螱，飛螘。有翅。○螱，音尉。

其子蚳。蚳，蟻卵。周禮曰：蜃蚳醢。○蚳，音池。

次蟗，鼅鼄。鼅鼄，鼄蝥。今江東呼蝃蝥。○蟗，音秋。鼅，音知。鼄，音誅。蝃，音掇。蝥，音謀。

土鼅鼄。在地中布網者。

草鼅鼄。絡幕草上者。

土蠭。今江東呼大蠭在地中作房者為土蠭，啖其子，即馬蠭。今荆巴間呼為蟺。○蟺，音蟬。

木蠭。似土蠭而小，在樹上作房，江東亦呼為木蠭，又食其子。○蠭，音蜂。

蟦，蠐螬。在糞土中。○蟦，音費。

蝤蠐，蝎。在木中。今雖通名為蝎，所在異。○蝤，音囚。

蛜威，委黍。舊說鼠婦別名，然所未詳。○蛜，音伊。

蠨蛸，長踦。小鼅鼄長脚者，俗呼為喜子。○蠨，音蕭。蛸，所交切。踦，巨綺切。

蛭蝚，至掌。未詳。○蛭，音質。

國貉，蟲蠁。今呼蛹蟲為蠁。廣雅云：土蛹，蠁蟲。

蠖，蚇蠖。今蝍蝛。○蠖，於郭切。蚇，音尺。

果蠃，蒲盧。即細腰蠭也，俗呼為蠮螉。

螟蛉，桑蟲。俗謂之桑蟃，亦曰戎女。○螟，音冥。蛉，音令。

蝎，桑蠹。即蛣蝠。

熒火即炤
夜飛腹下有火○炤音照
密肌繼英
未詳
蚅烏蠋
大蟲如指似蠶見韓子
蠓蠛蠓
小蟲似蚋喜亂飛○蠓莫孔切蠛亡結切
王蛈蝪
即螲蟷似鼅鼄在穴中有蓋今河北人呼蛈蝪○蛈大結切蝪音湯
蟓桑繭
食桑葉作繭者即今蠶○蟓音象
雔由樗繭
食樗葉○雔音讐
棘繭
食棘葉
欒繭
食欒葉
蚢蕭繭
食蕭葉皆蠶類○蚢音杭

翥醜鏬
剖母背而生○翥者庶切鏬呼暇切
螽醜奮
好奮迅作聲
强醜捋
以脚自摩捋
蠭醜螸
垂其腴○螸音俞
蠅醜扇
好搖翅
食苗心螟食葉蟘食節賊食根蟊
分別蟲啖食禾所在之名耳皆見詩○蟘音待蟊音謀
有足謂之蟲無足謂之豸

爾雅卷九

爾雅卷十

晉著作郎弘農太守聞喜郭　璞注

明　後學　東吳葛　鼒訂

釋魚第十六

鯉。今赤鯉魚。

鱣。鱣，大魚，似鱏而短鼻，口在頷下，體有邪行甲，無鱗，肉黃，大者長二三丈。今江東呼為黃魚。○鱣，張連切。

鰋。今鰋額白魚。○鰋音偃。

鮎。別名鯷。江東通呼鮎為鯷。

鱧。鮦也。

鯇。今鯶魚，似鱒而大。○鯇，華板切。

鯊，鮀。今吹沙小魚，體圓而有點文。○鮀音陀。

鮂，黑鰦。即白鯈魚。江東呼為鮂。○鮂音囚。鰦音茲。

鰼，鰌。今泥鰌。○鰼音習。鰌音秋。

鰹，大鮦，小者鮵。今青州呼小鱺為鮵。○鮦音同。鮵音奪。

魾，大鱯，小者鮡。鱯似鮎而大，白色。○魾音皮。鱯音畫。鮡音兆。

鰝，大鰕。鰕大者出海中，長二三丈，鬚長數尺。今青州呼鰕魚為鰝。○鰕音霞。鰝音鄗。

鯤，魚子。凡魚之子總名鯤。

鱀，是鱁。鱀，䱜屬也。體似鱏，尾如鯯魚，大腹，喙小銳而長，齒羅生，上下相銜，鼻在額上，能作聲，少肉多膏，胎生，健啖細魚，大者長丈餘，江中多有之。○鱀音忌。

鱦，小魚。家語曰：其小者鱦魚也。今江東亦呼魚子未成者為鱦。○鱦音繩。

鮥，鮛鮪。鮪，鱣屬也。大者名王鮪，小者名鮛鮪。今宜都郡自京門以上江中通出鱏鱣之魚。有一魚狀似鱣而小，建平人呼鮥子，即此魚也。○鮥音洛。鮛音叔。鮪音偉。

鯦，當魱。

海魚也似鯿而大鱗肥美多鯁今江東呼其最大長三尺者爲當魱○鯦俱救切魱音胡

鮤，鱴刀。 今之鮆魚也亦呼爲魛魚○鮤音列鱴音滅

鱊鮬，鱖鯞。 小魚也似鮒子而黑俗呼爲魚婢江東呼爲妾魚○鱊音聿鮬音步鱖音厥鯞章酉切

魚有力者，鰴。 强大多力○鰴音暉

魵，鰕。 出穢邪頭國見呂氏字林○魵音墳

鮅，鱒。 似鯶子赤眼○鮅音必鱒才損切

魴，魾。 江東呼魴魚爲鯿一名魾○魴音房魾音毗

鯬，鯠。 未詳○鯬音黎鯠音來

蜎，蠉。 井中小蛣蟩赤蟲一名孑孓廣雅云○蜎狂兖切蠉香完切

蛭，蟣。 今江東呼水中蛭蟲入人肉者爲蟣○蟣音祈

科斗，活東。 蝦蟆子

魁陸。 本草云魁狀如海蛤圓而厚外有理縱橫即今之蚶也

蜪蚅。 未詳

鼁䵷，蟾諸。 似蝦蟆居陸地淮南謂之去蚥○鼁音去䵷音秋蟾音占

在水者黽。 耿黽也似青蛙大腹一名土鴨○黽音猛

蜌，廲。 今江東呼蚌長而狹者爲廲○蜌音陛廲蒲猛切

蚌，含漿。 蚌即蜃也

鼈三足，能。龜三足，賁。 山海經曰從山多三足鼈大苦山多三足龜吳興郡陽羨縣君山上有池池中出三足鼈又有六眼龜

蚹蠃，螔蝓。 即蝸牛也○蚹音附蠃音羅螔音移蝓音俞

蠃，小者蜬。 螺大者如斗出日南漲海中可以爲酒杯○蜬音含

螖蠌，小者蟧。螺屬。見埤蒼。或曰即蟚螖也。似蟹而小。○螖音滑。蠌音澤。蟧音勞。

蜃，小者珧。珧，玉珧，即小蚌。○珧音遙。

龜，俯者靈，行頭低。

仰者謝，行頭仰。

前弇諸果，甲前長。

後弇諸獵，甲後長。

左倪不類，行頭左庳。今江東所謂左食者。以甲卜審。

右倪不若。行頭右庳。為右食。甲形皆爾。○倪丑計切。

貝，居陸贆，在水者蜬。水陸異名也。貝中肉如科斗。但有頭尾耳。○贆音標。

大者魧。書大傳曰。大貝如車渠。車渠。謂車輞。即魧屬。○魧音杭。

小者鰿。今細貝亦有紫色者。出日南。○鰿音積。

玄貝，貽貝。黑色貝也。

餘貾，黃白文。以黃為質。白為文點。○貾音池。

餘泉，白黃文。以白為質。黃為文點。今紫貝以紫為質。黑為文點。

蚆，博而頯。頯者中央廣。兩頭銳。○蚆音巴。頯匡軌切。

蜠，大而險。險者謂汙薄。○蜠求隕切。

蟦，小而橢。即上小貝。橢謂狹而長。此皆說貝之形容。○蟦音責。橢他果切。

蠑螈，蜥蜴。蜥蜴，蝘蜓。蝘蜓，守宮也。轉相解。博異語。別四名也。○蠑音榮。螈音原。蜥音昔。蜴音亦。蝘音掩。蜓徒典切。

蛈，蝁。蝮屬。大眼。最有毒。今淮南人呼蝁子。○蛈音迭。蝁烏洛切。

螣，螣蛇。龍類也。能興雲霧而遊其中。淮南云蟒蛇。○螣上音朕。下音騰。

蟒，王蛇。

蟒，蛇最大者，故曰王蛇。○蟒音莽。

蝮虺，博三寸，首大如擘。

身廣三寸，頭大如人擘指。此自一種蛇，名爲蝮虺。○擘音拍。

鯢大者謂之鰕。

今鯢魚似鮎，四脚，前似獮猴，後似狗，聲如小兒啼，大者長八九尺，别名鰕。

魚枕謂之丁。

枕在魚頭骨中，形似篆書丁字，可作印。

魚腸謂之乙，魚尾謂之丙。

此皆似篆書字，因以名焉。禮記曰：魚去乙。然則魚之骨體盡似丙丁之屬，因形名之。

一曰神龜。

龜之最神明。

二曰靈龜。

涪陵郡出大龜，甲可以卜，緣中文似瑇瑁，俗呼爲靈龜，即今觜蠵龜，一名靈蠵，能鳴。

三曰攝龜。

小龜也，腹甲曲折，解能自張閉，好食蛇，江東呼爲陵龜。○攝音涉。

四曰寶龜。

書曰：遺我大寶龜。

五曰文龜。

甲有文彩者。河圖曰：靈龜負書，丹甲青文。

六曰筮龜。

常在蓍叢下潛伏，見龜策傳。

七曰山龜，八曰澤龜，九曰水龜，十曰火龜。

此皆説龜生之處所。火龜猶火鼠耳。物有含異氣者，不可以常理推，然亦無所怪。

釋鳥第十七

隹其，鳺鴀。

今鵓鳩。○鳺方扶切，鴀方浮切。

鶌鳩，鶻鵃。

似山鵲而小，短尾，青黑色，多聲。今江東亦呼爲鶻鵃。

鳲鳩，鴶鵴。

今之布穀也，江東呼爲穫穀。○鳲音尸，鴶古八切，鵴音菊。

鷑鳩，鵧鷑。

小黑鳥，鳴自呼，江東名爲烏鵧。○鷑音及，鵧符悲切。

鴡鳩，王鴡。

鵰類，今江東呼之爲鶚，好在江渚山邊食魚。毛詩傳曰：鳥摯而有别。○鴡七徐反。

鵅，鵋鵙。

今江東呼鵂鶹爲鵋鵙，亦謂之鴝鵅。○鵅音格，鵋音忌，鵙音欺。

鶅，鵵軌。

未詳。○鵵音兔。

鴗，天狗。

小鳥也。青似翠。食魚。江東呼爲水狗。○鴗音立

鷚天鸙。大如鷃雀。色似鶉。好高飛作聲。今江東名之曰天鷚。音綢繆。○鷚亡侯切。鸙音藥

鵱鷜鵝。今之野鵝。○鵱音六。鷜力于切

鶬麋鴰。今呼鶬鴰。○鴰古活切

鷎烏鸔。水鳥也。似鶂而短頸。腹翅紫白。背上綠色。江東呼烏鸔。○鷎音洛。鸔音剝

舒鴈鵝。禮記曰。出如舒鴈。今江東呼鴚。○鴚音加

舒鳧鶩。鴨也。○鶩音木

鳽鵁鶄。似鳧。脚高。毛冠。江東人家養之以厭火災。○鳽音額。鵁音交。鶄音精

輿鵛鷋。未詳。○鵛音經。鷋音徒

鵜鴮鸅。今之鵜鶘也。好羣飛。沈水食魚。故名洿澤。俗呼之爲淘河。○鵜音啼。鴮音烏。鸅音澤

鶾天雞。鶾雞赤羽。逸周書曰。文鶾若彩雞。成王時蜀人獻之。○鶾音汗

鷽山鵲。似鵲而有文彩。長尾。觜脚赤。○鷽音握

鷣負雀。鷣鷂也。江東呼之爲鷣。善捉雀。因名云。○鷣音淫

齧齒艾。未詳。

鶨鵙老。鶨鶨也。俗呼爲癡鳥。○鶨丑絹切。鵙巨炎切

扈鴳。今鴳雀。○扈音戶。鴳音晏

桑扈竊脂。俗謂之青雀。觜曲食肉。好盜脂膏。因名云。

鳭鷯剖葦。好剖葦皮。食其中蟲。因名云。江東呼蘆虎。似雀。青斑。長尾。○鷯力周切

桃蟲鷦其雌鴱。鷦䳭。桃雀也。俗呼爲巧婦。○鴱音艾

鶠鳳其雌皇。瑞應鳥。雞頭。蛇頸。燕頷。龜背。魚尾。五彩色。高六尺許。

䳭鴒雝渠。

雀屬也。飛則鳴。行則搖。

鸒斯，鵯鶋。鴉烏也。小而多羣。腹下白。江東亦呼爲鵯烏。○鸒音預。鵯音匹。

燕，白脰烏。脰，頸。○脰音豆。

鴽，鴾母。鵪也。青州呼鴾母。○鴽音如。鴾音謀。

密肌，繫英。釋蟲已有此名。疑誤重。

巂周。子巂鳥。出蜀中。○巂音攜。

燕燕，鳦。詩云：燕燕于飛。一名玄鳥。齊人呼鳦。○鳦音乙。

鴟鴞，鸋鴂。鴟類。○鴟尺之切。鴞音遙。鸋音寧。鴂音決。

狂，茅鴟。今鳼鴟也。似鷹而白。

怪鴟。即鴟鵂也。見廣雅。今江東通呼此屬爲怪鳥。

梟鴟。土梟。○梟音嬌。

鶅，劉疾。未詳。○鶅音皆。

生哺，鷇。鳥子須母食之。○鷇古侯切。

生噣，雛。能自食。○噣音啄。雛仕俱切。

爰居，雜縣。國語曰：海鳥爰居。漢元帝時，琅邪有大鳥如馬駒，時人謂之爰居。

春鳸，鳻鶞。夏鳸，竊玄。秋鳸，竊藍。冬鳸，竊黃。桑鳸，竊脂。

棘鳸，竊丹。行鳸，唶唶。宵鳸，嘖嘖。諸鳸皆因其毛色音聲以爲名。竊藍，青色。○鳻音汾。鶞紛倫切。唶音即。嘖音責。

鵖鴔，戴鵀。鵀即頭上勝。今亦呼爲戴勝。鵖鴔猶鶝鴔，語聲轉耳。○鵖彼及切。鴔皮及切。鵀女金切。

鶭，澤虞。今媼澤鳥。似水鴞，蒼黑色。常在澤中，見人輒鳴喚不去。有象主守之官，因名云。俗呼爲護田鳥。○鶭孚往切。

鷀，鷧。即鸕鷀也。觜頭曲如鉤，食魚。○鷀音慈。鷧於計切。

鷯鶉，其雄鶛，牝痺。

鵯鶋屬。○痺音脾

鸍。沈鳧。似鴨而小，長尾，背上有文。今江東亦呼為鸍。○鸍音施

鴢。頭鵁。似鳧，脚近尾，略不能行。江東謂之魚鵁。音髐箭。○鴢音拗。鵁許交切

鵽鳩。寇雉。鵽大如鴿，似雌雉，鼠脚，無後指，岐尾。為鳥憨急羣飛，出北方沙漠地。○鵽丁括切

萑。老鵵。木兔也。似鴟鵂而小，兔頭，有角，毛脚，夜飛，好食雞。○萑音丸

鶟。鶘鳥。似雉，青身，白頭。○鶟音突。鶘音胡

狂。䴇鳥。狂鳥五色，有冠。見山海經。

皇。黃鳥。俗呼黃離留，亦名摶黍。

翠。鷸。似燕，紺色，生鬱林。○鷸音聿

鸀。山烏。似烏而小，赤觜，穴乳，出西方。○鸀音蜀

蝙蝠。服翼。齊人呼為蟙蠌，或謂之仙鼠。

晨風。鸇。鷂屬。詩曰：鴥彼晨風。○鸇之然切

楊鳥。白鷢。似鷹，尾上白。○鷢巨月切

寇雉。泆泆。即鵽鳩也。

鷏。蟁母。似烏鸔而大，黃白雜文，鳴如鴿聲。今江東呼為蚊母。俗說此鳥常吐蚊，因以名云。○鷏音田。蟁音文

鷉。須鸁。鷉，鷿鷈。似鳧而小，膏中瑩刀。○鷉音梯。鸁音螺

鼯鼠。夷由。狀如小狐，似蝙蝠，肉翅，翅尾項脅毛紫赤色，背上蒼艾色，腹下黃，喙頷雜白，脚短，爪長，尾三尺許，飛且乳，亦謂之飛生。聲如人呼，食火烟，能從高赴下，不能從下上高。○鼯音吾

倉庚。商庚。即鵹黃也。

鴩。餔敊。未詳。○鴩大結反。餔音步。敊音豉

鷹。鶆鳩。鶆當為鷞字之誤耳。左傳作鷞鳩是也。○鷹音膺。鶆音來

鶼鶼比翼。
說已在上。

鵹黃楚雀。
即倉庚也。○鵹音離。

鴷斲木。
口如錐，長數寸，常斲樹食蟲，因名云。○鴷音列。

鷲鶶鷵。
似烏，蒼白色。○鷲音激，鶶音唐，鷵音徒。

鸕諸雉。
未詳。或云即今雉。

鷺春鉏。
白鷺也。頭翅背上皆有長翰毛，今江東人取以為睫攡，名之曰白鷺縗。○鉏音鋤。

鷂雉。
青質五彩。○鷂音遙。

鷮雉。
即鷮雞也。長尾，走且鳴。○鷮音驕。

鳪雉。
黃色，鳴自呼。○鳪音卜。

鷩雉。
似山雞而小，冠背毛黃，腹下赤，項綠色鮮明。

秩秩海雉。
如雉而黑，在海中山上。

鸐山雉。
長尾者。○鸐音狄。

鶾雉鵫雉。
今白鵫也。江東呼白鶾，亦名白雉。○鶾音汗，鵫丁罩切。

雉絕有力奮。
最健鬭。

伊洛而南素質五彩皆備成章曰翬。
翬亦雉屬，言其毛色光鮮。○翬音暉。

江淮而南青質五彩皆備成章曰鷂。
即鷂雉也。

南方曰𠷎。東方曰鶅。北方曰鵗。西方曰鷷。
說四方雉之名。○𠷎音儔，鶅音緇，鵗音希，鷷音尊。

鳥鼠同穴，其鳥為鵌，其鼠為鼵。
鼵如人家鼠而短尾，鵌似鵽而小，黃黑色，穴入地三四尺，鼠在內，鳥在外。今在隴西首陽縣鳥鼠同穴山中。孔氏尚書傳云：共為雌雄。張氏地里記云：不為牝牡。○鵌音徒，鼵音突。

鸛鷒鶝鶔，如鵲短尾，射之銜矢射人。
或說曰：鸛鷒，鶝鶔，一名嬰羿。○鸛音歡，鷒音團，鶝音福，鶔音柔，射食亦切。

鵲鵙醜，其飛也翪。

竦翅上下。○翪音宗

鳶烏醜，其飛也翔。布翅翱翔。○鳶音玄

鷹隼醜，其飛也翬。鼓翅翬翬然疾。

鳧鴈醜，其足蹼。脚指間有幕，蹼屬相著。○蹼音卜

其踵企。飛即伸其脚跟企直。

烏鵲醜，其掌縮。飛縮脚腹下。

亢，鳥嚨。嚨謂喉嚨。亢即咽。○亢戶郎切

其粻，嗉。嗉者，受食之處，別名嗉。今江東呼粻。○嗉音素

鶉子，鳼。鴽子，鸋。別鷃鶉鶵之名。○鳼音文

雉之暮子爲鷚。晚生者，今呼少雞爲鷚。○鷚力救切

鳥之雌雄不可別者，以翼右掩左，雄；左掩右，雌。

鳥少美長醜爲鶹鷅。鶹鷅猶留離。詩所謂留離之子。○長丁丈切。鶹音留。鷅音栗

二足而羽謂之禽，四足而毛謂之獸。

鵙，伯勞也。似鶷鶡而大。左傳曰：伯趙氏。○鵙工役切

倉庚，黧黃也。其色黧黑而黃，因以名云。○黧力知切

爾雅卷十

爾雅卷十一

晉著作郎弘農太守聞喜郭　璞註

明　後學　東吳金　蟠訂

釋獸第十八

麋牡麔牝麎其子麇國語曰獸長麛麇。○麔音咎，麎音辰，麇于兆切

其跡躔腳所踐處。

絶有力狄

鹿牡麚牝麀其子麛其跡速絶有力麉○麚音加，麀於牛切，麛音迷，麉音堅

麕牡麌

牝麜其子麆其跡解絶有力豜詩曰麀鹿麌麌，鄭康成解即謂此也，但重言耳。○麕音君，麌魚矩切

○麜音栗，麆音助，豜五見切

狼牡獾牝狼其子獥絶有力迅○獥音亦

兔子嬔俗呼曰㝹。○嬔芳萬切

其跡迒絶有力欣

○迒音剛

豕子豬今亦曰彘，江東呼豨，皆通名。

䝐豶俗呼小豶豬為䝐子。○䝐音偉，豶音墳

幺幼最後生者，俗呼為幺豚。○幺音腰

奏者豱今豱豬短頭，皮理腠蹙。○奏音腠，豱音溫

豕生三豵二師一特豬生子常多，故別其少者之名。○豵音宗

所寢檜檜，其所臥蓐。○檜音繪

四豴皆白豥詩云：有豕白蹢。蹢，蹄也。○豴音滴，豥音垓

其跡刻絶有力豟即豕高五尺者。○豟音厄

牝豝詩云：壹發五豝。○豝音巴

虎竊毛謂之虦貓

竊淺也詩曰有貓有虎

貘白豹　似熊小頭庳脚黑白駁能舐食銅鐵及竹骨骨節强直中實少髓皮辟濕或曰豹白色者別名貘○貘音陌

甝白虎　漢宣帝時南郡獲白虎獻其皮骨爪牙○甝音含

虪黑虎　晉永嘉四年建平秭歸縣檻得之狀如小虎而黑毛深者爲班山海經云幽都山多玄虎玄豹也○虪式六切

貀無前足　晉太康七年召陵扶夷縣檻得一獸似狗豹文有角兩足即此種類也或說貀似虎而黑無兩足○貀女滑切

鼳鼠身長須而賊秦人謂之小驢　鼳似鼠而馬蹄一歲千斤爲物殘賊○鼳古役切

熊虎醜其子狗絕有力麙　律曰捕虎一購錢三千其狗半之○麙音巖

貍子隸　今或呼豾貍○隸音曳

貈子貆　其雌者名㺅今江東呼貉爲㹮貊○貈乎各切貆音丸

貒子貗　貒豚也一名貛○貒音湍貗其禹切

貔白狐其子豰　一名執夷虎豹之屬○貔音毗豰火卜切

麔父麕足　脚似麕有香○父音甫

豺狗足　脚似狗

貙獌似貍　今山民呼貙虎之大者爲貙豻○貙音樞獌音萬豻音岸

羆如熊黃白文　似熊而長頭高脚猛憨多力能拔樹木關西呼曰貑羆

麢大羊　麢羊似羊而大角圓銳好在山崖間○麢音零

麠大麃牛尾一角　漢武帝郊雍得一角獸若麃然謂之麟者此是也麃即麞○麠音京麃音炮

麐大麢旄毛狗足　旄毛猥長○麐音几旄音帽

魋如小熊竊毛而黃　今建平山中有此獸狀如熊而小毛麤淺赤黃色俗呼爲赤熊○魋音頹

猰貐類貙，虎爪，食人，迅走。

迅，疾。○猰，烏八切。貐，羊玉切。

狻麑如虦貓，食虎豹。

即獅子也，出西域。漢順帝時，疎勒王來獻犎牛及獅子。穆天子傳曰：狻猊日走五百里。

驨如馬，一角，不角者騏。

元康八年，九真郡獵得一獸，大如馬，一角，角如鹿茸。此即驨也。今深山中人時或見之。亦有無角者。

○驨，胡圭切。

羱如羊。

羱羊似吳羊而大角，角橢，出西方。○羱音元。

麐，麕身，牛尾，一角。

角頭有肉。公羊傳曰：有麐而角。○麐音鄰。

猶如麂，善登木。

健上樹。○麂音几。

貄，脩豪。

豪毛長。○貄音四。

貙似貍。

今貙虎也，大如狗，文如貍。

兕似牛。

一角，青色，重千斤。

犀似豕。

形似水牛，豬頭，大腹，庳腳，腳有三蹄，黑色。三角：一在頂上，一在額上，一在鼻上。鼻上者即食角也，小而不橢，好食棘。亦有一角者。○橢音墮。

彙，毛刺。

今蝟，狀似鼠。○彙音謂。刺音次。

狒狒如人，被髮，迅走，食人。

梟羊也。山海經曰：其狀如人，面長脣黑，身有毛，反踵，見人則笑。交廣及南康郡山中亦有此物。大者長丈許。俗呼之曰山都。○狒音費。被音備。

貍、狐、貒、貈醜，其足蹯，

皆有掌蹯。○蹯音煩。

其跡厹。

厹，指頭處。○厹音鈕。

蒙頌，猱狀。

即蒙貴也。狀如蜼而小，紫黑色，可畜，健捕鼠，勝於貓。九真、日南皆出之。猱亦獼猴之類。○猱，奴刀切。

猱蝯善援。

便攀援。○蝯音猿。

貜父善顧。

貑貜也。似獼猴而大，色蒼黑，能貜持人，好顧盼。○貜音钁。父音甫。

威夷，長脊而泥。

泥，少才力。

麔麚短脰。

項脰。

䝞有力。出西海大秦國有養者似狗多力獷惡○䝞音鈘

豦迅頭。今建平山中有豦大如狗似獼猴黃黑色多髯鬣好奮迅其頭能舉石擿人玃類也○豦音據

蜼卬鼻而長尾。蜼似獼猴而大黃黑色尾長數尺似獺尾末有歧鼻露向上雨即自縣於樹以尾塞鼻或以兩指江東人亦取養之為物捷健○蜼音誄

時善乘領。好登山峯○乘音承

猩猩小而好啼。山海經曰人面豕身能言語今交阯封谿縣出猩猩狀如獾㹠聲似小兒啼

闕洩多狃。說者云腳饒指未詳○闕其越切狃音鈕

寓屬

鼢鼠。地中行者○鼢音憤

鼸鼠。以頰裹藏食○鼸故忝切

鼷鼠。有螫毒者○鼷音奚

鼶鼠。夏小正曰鼶鼬則穴○鼶音斯

鼬鼠。今鼬似鼦赤黃色大尾啖鼠江東呼為鼪○鼬音佑鼪音牲

鼩鼠。小鼱鼩也亦名鼩鼱○鼩音劬

鼭鼠。未詳○鼭音時

鼣鼠。山海經說獸云狀如鼣鼠然形則未詳○鼣音吠

鼫鼠。形大如鼠頭似兔尾有毛青黃色好在田中食粟豆關西呼為鼩鼠見廣雅○鼫音石鼩音瞿

鼤鼠。鼨鼠。皆未詳○鼤音問鼨音終

豹文鼮鼠。鼠文彩如豹者漢武帝時得此鼠孝廉郎終軍知之賜絹百匹○鼮音廷

鼰鼠。今江東山中有鼰鼠狀如鼠而大蒼色在樹木上音巫覡○鼰南見切

鼠屬

牛曰齝。食之已久，復出嚼之。○齝，丑之切。

羊曰齥。今江東呼齝為齥。○齥音泄。

麋鹿曰齸。江東名咽為齸。齸者，飼食之所在，依名云。○齸音益。

鳥曰嗉。咽中裹食處。

寓鼠曰嗛。頰裹貯食處。寓謂獼猴之類寄寓木上。

齸屬

獸曰釁。自奮迅動作。○釁，許刃切。

人曰撟。頻伸夭撟。○撟，紀小切。

魚曰須。鼓鰓須息。

鳥曰狊。張兩翅。皆氣體所須。○狊，古闃切。

須屬

釋畜第十九

騊駼馬。山海經云：北海有獸，狀如馬，名騊駼，色青。○騊音陶，駼音徒。

野馬。如馬而小，出塞外。

駮，如馬，倨牙，食虎豹。山海經云：有獸名駮，如白馬，黑尾，倨牙，音如鼓，食虎豹。○倨音鋸。

騉蹄，趼，善陞甗。甗，山形似甑，上大下小。騉蹄，蹄如研而健，上山。秦時有騉蹄苑。○騉音昆，趼五見切，甗言蹇切。

騉駼，枝蹄趼，善陞甗。騉駼亦似馬而牛蹄。

小領，盜驪。穆天子傳曰：天子之駿，盜驪、綠耳。又曰：右服盜驪。盜驪，千里馬。

絕有力，駥。即馬高八尺。○駥音戎。

膝上皆白，惟馵。四骹皆白，驓。骹，膝下也。○馵音註，骹音敲，驓音繒。

四蹢皆白，首。俗呼為踏雪馬。

前足皆白，騱。後足皆白，翑。前右足白，啟。

左白踦。左傳曰。啓服。○騱音奚。踦音觔

前右。前左腳白。○踦音欺

後右足白驤。左白馵。後左腳白。易曰。震為馵足。○驤音箱

駵馬白腹騵。駵赤色黑鬣。○駵音留。騵五官切

驪馬白跨驈。驪黑色。跨髀間。○驈音聿

白州驠。州竅。○驠音晏

尾本白騴。尾株白。○騴音晏

尾白駺。但尾毛白。○駺音郎

馰顙白顛。戴星馬也。○馰音的

白達素縣。素鼻莖也。俗所謂漫顱徹齒。○縣音玄

面顙皆白惟駹。顙額。○駹音龍

回毛在膺宜乘。樊光云。俗呼之官府馬。伯樂相馬法。旋毛在腹下如乳者。千里馬。

在肘後減陽。在幹茀方。幹脅。○減古湛切

在背闋廣。皆別旋毛所在之名。○闋音缺。廣音光

逆毛居馻。馬毛逆刺。○馻音充

騋牝驪牡。詩云。騋牝三千。馬七尺以上為騋。見周禮。

玄駒褭驂。玄駒小馬別名。褭驂耳。或曰。此即騕褭。古之良馬名。○褭奴了切。驂音參

牡曰隲。今江東呼騭馬為隲。○隲音質

牝曰騇。草馬名。○騇音舍

駵白駁。黃白騜。詩曰。騜駁其馬。

駵馬黃脊騝。驪馬黃脊騽。

皆背脊毛黃。○騝音虔。駵音留。

青驪駽。今之鐵驄。○駽呼縣切。

青驪驎驒。色有深淺斑駁隱粼，今之連錢驄。○驎良刃切。驒音陀。

青驪繁鬣騥。禮記曰：周人黃馬繁鬣。繁鬣，兩被毛。或云美髦鬣。○鬣音獵。騥音柔。

驪白雜毛駂。今之烏驄。○駂音保。

黃白雜毛駓。今之桃華馬。○駓音皮。

陰白雜毛駰。陰，淺黑。今之泥驄。○駰乙巾切。

蒼白雜毛騅。詩曰：有騅有駓。

彤白雜毛騢。即今之赭白馬。彤，赤。○騢音遐。

白馬黑鬣駱。禮記曰：夏后氏駱馬黑鬣。

白馬黑脣駩。黑喙騧。今之淺黃色者爲騧馬。○騧音瓜。

一目白瞯，二目白魚。似魚目也。詩曰：有驔有魚。○瞯音閑。

既差我馬。差，擇也。宗廟齊毫。尚純。○差音叉。

戎事齊力。尚強。

田獵齊足。尚疾。

馬屬

犘牛。出巴中，重千斤。○犘音麻。

犦牛。即犎牛也。領上肉犦胅起，高二尺許，狀如橐駝，肉鞍一邊。健行者日三百餘里。今交州合浦徐聞縣出此牛。○犦音雹。

犤牛。犤牛庳小，今之犑牛也。又呼果下牛，出廣州高涼郡。○犤音悲。

犩牛。即犪牛也。如牛而大，肉數千斤，出蜀中。山海經曰：岷山多犪牛。○犩音危。

犣牛。

旄牛也。髀膝尾皆有長毛。○犣音獵。

犝牛。無角牛。○犝音童。

㹇牛。未詳。○㹇古見切。

角一俯一仰，觭。牛角低仰。○觭音欺。

皆踊，䝄。今豎角牛。○䝄音誓。

黑脣，犉。毛詩傳曰：黃牛黑脣。此宜通謂黑脣牛。○犉閏旬切。

黑眥，牰。眼眥黑。○眥才細切，牰音袖。

黑耳，犚。黑腹，牧。黑腳，犈。皆別牛黑所在之名。○犚音尉，犈音權。

其子，犢。今青州呼犢為牭。

體長，牬。長身者。○牬音貝。

絶有力，欣犌。○犌音加。

牛屬

羊牡，羒。謂吳羊白羒。○羒音墳。

牝，牂。詩曰：牂羊墳首。○牂音臧。

夏羊：黑羖䍽。

牡，羭。黑羝也。歸藏曰：兩壺兩羭。○羭音俞。

牝，羖。今人便以牂羖為白黑羊名。○羖音古。

角不齊，觤。一短一長。○觤音鬼。

角三觠，羷。觠角三匝。○觠音權，羷音險。

羳羊，黃腹。腹下黃。○羳音煩。

未成羊，羜。俗呼五月羔為羜。○羜直呂切。

絕有力奮。

羊屬

犬生三，猣；二，師；一，玂。此與猪生子義同，名亦相出入。○猣音宗。玂音祈。

未成毫，狗。狗子未生幹毛者。

長喙，獫；短喙，猲獢。詩曰：載獫猲獢。○獫力驗切。猲音歇。獢虛嬌切。

絕有力，狣。尨，狗也。詩曰：無使尨也吠。○狣音兆。

狗屬

雞大者蜀。今蜀雞。

蜀子，維。雞雛名。○維音餘。

未成雞，僆。江東呼雞少者曰僆。○僆音練。

絕有力，奮。諸物有氣力多者無不健自奮迅，故皆以名云。

雞屬

馬八尺為駥。周禮曰：馬八尺已上為駥。○駥音戎。

牛七尺為犉。詩曰：九十其犉。亦見尸子。○犉閏旬切。

羊六尺為羬。尸子曰：大羊為羬，六尺。○羬五咸切。

彘五尺為豟。尸子曰：大豕為豟，五尺。今漁陽呼猪大者為豟。○彘音滯。豟音厄。

狗四尺為獒。公羊傳曰：靈公有害狗謂之獒也。尚書孔氏傳曰：犬高四尺曰獒。即此義。○獒五刀切。

雞三尺為鶤。陽溝巨鶤，古之名雞。○鶤音昆。

爾雅卷十一